JN221866

こうすればできる

所有者不明空家の行政代執行

― 現場担当者の経験に学ぶ ―

板橋区都市整備部建築指導課 [編]

宇那木 正寛 [監修]

第一法規

監修に当たって

特定空家等については、相続人が放棄するなどして相続財産法人とされることが少なくないと考えられるが、こうした特定空家等への対応は、従来、相手方が確知できないとして略式代執行がなされるか、あるいは、相続財産管理制度によりその対応がなされてきた。このうち、前者の場合には、行政庁主導で迅速な特定空家等への対応が可能であるものの、特定空家等内に換価的価値のある物件が多数残置されている場合には、当該残置物件の保管・処分といった難題が残る。他方、相続財産管理制度を利用した場合、残置物件への対応については、相続財産管理人がこれを行うことになるが、特定空家等への対応についての主導権は行政庁ではなく財産管理人に委ねられるという問題がある。

そこで、この両者のメリットを生かすべく、板橋区が選択した手法が、相続財産管理制度を利用して通常代執行を行うというものであった。この手法は管見の限り、全国初の試みである。代執行に伴う残置物件の保管・処分について大きな関心をもっている私にとっては、「この手があったか」と賞嘆したものである。

私が板橋区の事例を知る契機となったのは、一般財団法人地方自治研究機構主催の空家講習会において本書の執筆者の一人である髙橋清次氏の事例発表を拝聴したことによる。その後、板橋区への訪問調査を行った際に当時の建築指導課長であった田島健氏から、代執行の成果を何らかの形で公表したいというご依頼をいただいた。そこで、第一法規に相談し、同社のご高配とご尽力により本書が世に送り出されることになったのである。

監修に当たっては、現実に実施された代執行のプロセスとともにそれに携わった職員の悩みや苦労、そしてそれらの解消の過程についてもできる限り忠実に紙面上に再現するという視点を重視した。このため、学理的な説明が十分とはいえない点もあるが、本書の性格上、ご理解いただきたい。

かつては抜こうに抜けない伝家の宝刀などと揶揄されてきた行政代執行ではあるが、空家特措法の施行後、好むと好まざるにかかわらず、自治体は、代執行に取り組まなければならない状況にある。代執行の実施に当たっては、理論のみではなく、現実の細かなプロセスを理解しておかなければならない。加えて、執行予算をどのように確保するのか、住民や議会への説明責任をどのようにして果たすのかといった点も軽視することはできない。このように考えると行政代執行はまさに、そのリソースを最大限駆使して実施する自治体の総力戦といえよう。

　こうした中で、代執行実施決定の契機からその終了後に至るまで、現実の執行プロセスで使用された書面をふんだんに盛り込み、そのプロセスが詳細に解説されている本書は、今後空家特措法による代執行を実施する自治体にとっては、貴重な臨床的記録といえよう。また、研究者にとっても、新たな研究のヒントとなる内容も少なくない。

　本書は空家特措法による行政代執行についての知見を提供するものであるが、代執行一般についても有益な知見が鏤められている。本書を、代執行について感心を持っている多くの方々のお手元においていただければ、監修者として望外の喜びである。

　なお、平成30年11月15日に所有者不明土地の利用の円滑化等に関する特別措置法の一部が施行されたことに伴い、所有者不明土地上に特定空家等がある場合、同法38条に基づき、自治体の長などは民法952条1項の規定による「利害関係人」に該当するか否かとは関係なく相続財産管理人の選任を請求することができるようになった。本書では、板橋区の「利害関係人」該当性について検討がなされているが、これは、同法制定前のものである。この点はご留意いただきたい。

令和元年10月

鹿児島大学教授　宇那木　正寛

はじめに

　平成29年１月17日から同年３月30日の期間で実施した板橋区の行政代執行は、民法上の「相続財産管理制度」を全国で初めて活用したものである。

　民法第951条に規定されている、相続財産管理制度は、相続人のあることが明らかでないとき（相続人全員が相続放棄して、結果として相続する者がいない場合を含む）に、利害関係人又は検察官が家庭裁判所に申立てを行い、選任されるもので、相続財産の保存・利用・改良行為だけでなく、清算権限を有するものである。それは、法の規定及び家庭裁判所の監督の下に、相続人の捜索、相続財産の管理、相続債権者・受遺者への弁済等の清算を行い、最終的に相続財産の国庫帰属までを職務としている。

　国では、平成26年11月26日に「空家等対策の推進に関する特別措置法」（以下、「空家特措法」）を公布した。このことにより、本格的に空き家対策に乗り出したわけだが、板橋区では、平成20年代から、空き家や居住形態のある、老朽建築物についての陳情が増加したため、平成25年度から平成26年度にかけて、独自にこれらの実態調査を行い、空き家等の全体像の把握に努めた。この結果によると危険な空き家と居住実態のある老朽建築物が、区内に200棟以上あることが確認され、区として、本格的な対応を図っていかなければならない必要性が浮き彫りとなった。

　平成27年度からは、区では本格的に空き家等に対する「対策計画」の策定作業に入り、同年度末に「板橋区老朽建築物等対策計画2025」を完成させた。この計画は、いわゆる空家特措法で対象としている「空家等」と、同法で対象となっていない居住実態のある、「老朽建築物」を、対策の対象としている。計画期間は平成28年度から平成37年度までで、実態調査で明らかになった空き家と居住実態のある老朽建築物約200棟を全て解消することを目標としている。

　また、続いて平成28年12月には「板橋区老朽建築物等対策条例」を可決制

定し、適正に管理されていない空き家等及び居住状態にある老朽建築物についても「指導」、「助言」、「勧告」、「命令」などの措置を規定し、対策計画の実効性を高めた。更に、除却助成制度、専門家派遣制度などを新たに創設し、空き家等問題の解決に向けた総合的な活動を継続して行っている。

　本書で取り上げる、板橋区が実施した「相続財産管理制度を活用した空き家の行政代執行」では、平成7年に板橋区に寄せられたいわゆる「ごみ屋敷」の陳情に端を発し、空家特措法制定以前、区として、所有者への働きかけや道路上に突出した一部の残置物の処分を行ってきたが、根本的な解決ができなかった。その後、所有者が死亡し、空き家となり、建物の傾斜が進行して危険性が増し、相続人が不在となった状況で、空家特措法に基づく措置等をどのように実施していくかが問題となった。果たして、「相続財産管理人」の申し立てが受理されるのか、同管理人に対して、空家特措法上の指導、勧告、命令、代執行を実施することが可能なのかが課題となった。また、残置物の量が推定100トンを超え、廃棄方法や有価物が発見された場合の保管方法など、検討課題は山積した。特に、解決の方法として、行政代執行法に基づく代執行、略式代執行、代執行を伴わない相続財産管理人による財産の管理・清算などの方法の選択はシミュレーションを重ねて判断した。その他、庁内連携の依頼や調整、行政機関として、本代執行に要する予算の確保や議会対応も必要であり、執行後の経費回収についても、相続財産管理人とどのように協議し、配当への同意に関しては一部債権放棄が生じ、議会の承認を必要としたことなど、一連の手続きには、相当の労苦と時間が費やされた。

　本書では、そうした経験をもとに、行政機関が行う、「相続財産管理制度を活用した空き家の行政代執行」の一連の手続きや、要所での判断、関連部署や議会との調整、予算確保、資金回収などの取組みをまとめたものである。

　空き家等の対策は、それぞれ個別の状況が存在するため、一つの方法で解決できるものではない。その状況に合った的確な方法を選択することが求め

　られる。行政機関が一方的に判断できる状況ばかりではなく、所有者側の事情や状況を与して判断していかなければならない。また、行政代執行という手段はあくまでも最終的な手段であって、原則は所有者側に第一義的な責任が存在し、所有者等の自らによる解決を最後まであきらめずに進めるよう、行政機関は啓発・助力すべきであると考える。

　なお、本書をまとめるにあたり、行政代執行を主たる研究領域とする鹿児島大学の宇那木正寛教授に総体的な監修やご指導をいただいた。関係者の方々に厚く感謝を申し上げたい。

　令和元年10月

東京都板橋区資源環境部環境政策課長
（前　都市整備部建築指導課長）

田島　健

目 次

監修に当たって

はじめに

凡例

第1章　行政代執行の決定

1　板橋区の概要 ……………………………………………………………… 2

2　事案の概要 ……………………………………………………………… 3

3　所有者調査 ……………………………………………………………… 5

  (1)　所有者の死亡、相続人の調査 ………………………………………… 5

  (2)　相続調査の苦労した点 ………………………………………………… 6

  法規部門との協議　相続人調査は不足していないか。例えば「改製原戸籍謄本」「除籍謄本」等は調査済みか。………………………………… 8

  疑問1　相続人調査は終了したか。「戸籍調査済み」と考えて大丈夫か。
……………………………………………………………… 8

  疑問2　「改製原戸籍謄本」「除籍謄本」等の調査の必要性と留意点は。
……………………………………………………………… 9

  疑問3　残された課題・リスクとは。………………………………… 9

4　緊急安全対策工事の実施 ……………………………………………… 10

  (1)　平成28年に実施した緊急安全対策工事 ………………………… 10

  (2)　緊急安全対策工事の経過 …………………………………………… 11

  法規部門との協議　侵入者防止仮囲い設置工事の法的根拠および工事実施による区の管理責任は今後発生し得るか。…………………………… 14

  疑問1　緊急安全対策工事実施要綱は、民法に基づく事務管理としての位置づけと整理され策定されたようだが、法的根拠として妥当であるのか。………………………………………………………… 14

疑問 2　事務管理を根拠とした場合に民法第700条の事務管理の継続により管理責任が発生したことになるか。 …………………………… 15

疑問 3　所有者が確知できないという場合において、事務管理に該当し得ないときは即時執行にならざるを得ないと思われるが、その法的根拠は「法律」によらねばならないか。 ………… 15

5　行政代執行の検討 ……………………………………… 16

⑴　他自治体の事例研究 ………………………………… 16

⑵　敷地の価値について ………………………………… 17

⑶　解体工事費用 ………………………………………… 18

⑷　廃棄物の種別の考え方について ……………………… 19

（法規部門との協議）略式代執行の要件に該当するか否か。 …………… 21

疑問 1　登記上の所有者およびその法定相続人全員の相続放棄又は死亡を確認しているが、これが空家特措法第14条第10項にいう「過失がなくてその措置を命ぜられるべき者を確知することができないとき」に該当するか。……………………… 21

（法規部門との協議）建築基準法と空家特措法の違いは。 ……………… 22

疑問 2　板橋区による直接的な問題解決には、建築基準法に基づく行政代執行と空家特措法に基づく行政代執行が考えられるが、どのように整理すべきか。 ………………………… 22

（法規部門との協議）対象物件選定の妥当性とは。…………………… 24

疑問 3　本空き家を選定するにあたり、他にも同様の老朽家屋があるのに、なぜ本物件を行政代執行の第 1 号にしたのか。………… 24

（法規部門との協議）相続放棄した者又は親族関係者へ法的な働きかけはできるか。……………………………………………… 25

疑問 4　財産管理義務のおよぶ範囲とは。……………………… 25

疑問 5　相続財産管理人の選任を申し立てる理由如何。……………… 26

疑問6 相続財産管理人の申立てを行政代執行前に行う理由は。…… 26

6 相続財産管理制度の検討 …………………………………………… 27

(1) 制度活用方法のメリット、デメリット ……………………………… 27

(2) 費用面から検討したメリット、デメリット ……………………… 29

(3) 申立書作成の注意点 ………………………………………………… 35

(法規部門との協議) 相続財産管理制度の利用可能性を検討していく上での課題は何か。 ………………………………………………………… 36

疑問1 板橋区は、相続財産管理人選任申立をすることができるか、また民法第952条1項にいう「利害関係人」にあたるか。

　　　　　　　…………………………………………………………… 36

疑問2 選任申立が先で、その後に建物除却を実施した場合、例えば「仮囲い設置費用約30万円」のみを「利害関係」の理由として記載して申立てを実施するが、その後に必要となった代執行費用である数千万円について、相続財産法人に対して請求できなくなるのか。

　　　　また相続財産管理人が債権者等への請求申出の公告を行っている間に行政代執行すれば、その費用と合わせた額が回収上限額となるのか。 ……………………………………………………………… 36

疑問3 「公告期間内に申し出なかった」ことによる、そのような不都合を回避する方法如何。 ……………………………………………… 37

疑問4 予納金は管理人の管理業務費用と報酬などに使われるものだと考えるが、想定以上の価格で土地が売却できた場合について、売却益があった場合には、管理人は多くの報酬をもらえるか。又は国庫帰属や債権者の予納金の返金のいずれかになるのか。

　　　　　　　…………………………………………………………… 37

疑問5 売却のために追加で調査費用を支払った場合などは、それも手

続き費用として回収できるのか。…………………………… 38

疑問 6　相続財産管理人は、空家特措法第 3 条の管理者に該当すると思われるが、財産的価値のない動産について廃棄をすることができるか。………………………………………………… 38

7　立入調査 ………………………………………………………… 39

(1)　現地調査の実施 ……………………………………………… 39

(2)　調査のポイント ……………………………………………… 41

8　予算の確保 …………………………………………………… 43

(1)　確保する上での課題 ………………………………………… 43

(2)　議会への説明 ………………………………………………… 44

9　関係部門との協議 ……………………………………………… 44

(1)　営繕部門 ……………………………………………………… 44

(2)　清掃部門 ……………………………………………………… 47

(3)　契約部門 ……………………………………………………… 47

(4)　警察署 ………………………………………………………… 47

(5)　報道対応（広聴部門） ……………………………………… 50

10　特定空家等の認定から空家特措法の命令………………… 50

相続財産管理人の選任から空家特措法の手続き ……………… 50

11　戒告書、代執行令書の通知……………………………… 55

行政代執行法の手続きの実施 ……………………………… 55

第 2 章　行政代執行の実施

1　他自治体の事例研究 …………………………………………… 60

2　実施体制の構築……………………………………………… 60

(1)　建築指導課内での実施体制……………………………… 60

　　　⑵　行政代執行実施業務概要 …………………………………… 60

　　　⑶　行政代執行従事者の一般的注意事項 ………………………… 62

　3　執行委任と工事業者の決定 ………………………………………… 65

　4　報道機関への連絡 …………………………………………………… 68

　5　行政代執行の開始、実施中 ………………………………………… 70

　　　行政代執行初日から建物除却まで ……………………………… 70

　6　現地本部・庶務担当作業マニュアル（抜粋）…………………… 73

　　　⑴　業務内容 ………………………………………………………… 73

　　　⑵　班構成 …………………………………………………………… 75

　　　⑶　班長、副班長の役割 …………………………………………… 76

　　　⑷　業務に必要な用具等 …………………………………………… 76

　　　⑸　行政代執行中の状況 …………………………………………… 76

　　　⑹　財産発見時の対応 ……………………………………………… 76

　7　行政代執行の終了 …………………………………………………… 79

　　　建物除却後の状況 ………………………………………………… 79

第 3 章　代執行費用請求

　1　請求費用の確定 ……………………………………………………… 82

　　　行政代執行費用と緊急安全対策工事費用の確定 …………………… 82

　2　納付命令・督促 ……………………………………………………… 82

　　　行政代執行費用と緊急安全対策工事費用の納付・督促方法の確認 … 82

　3　事後の事務処理 ……………………………………………………… 86

　　　⑴　費用回収時の事務処理 ………………………………………… 86

　　　⑵　議決後の処理 …………………………………………………… 87

　　　⑶　予納金について ………………………………………………… 89

4 行政代執行に係る債権回収の流れ ……………………………… 89

　(1) 債権の内訳 ………………………………………………… 89

　(2) 回収の流れ ………………………………………………… 90

　(3) 督促 ………………………………………………………… 90

　(4) 議決後の対応 ……………………………………………… 91

第4章　行政代執行を振り返って

1 行政代執行を判断した理由………………………………………… 94

　なぜ行政代執行をする必要があったのか。行政の義務や権利について。

　……………………………………………………………………… 94

2 行政代執行費用の回収の可能性と課題 ………………………… 95

3 行政代執行検討時の課題 ………………………………………… 96

4 「新しい問題」への自治体職員の対応スタンス ………………… 97

　大事なポイント ……………………………………………………… 97

　(1) 民間企業と比較した場合の、行政の特色 …………………… 98

　(2) 「新しい問題」へ投入すべきコストの算定 ………………… 103

　(3) 「新しい問題」解決後の重要な業務……………………… 104

5 自治体の法規部門の役割と協力体制 …………………………… 105

6 終わりに …………………………………………………………… 107

　(1) 行政代執行を実施した感想……………………………… 107

　(2) 行政代執行後の他自治体からの問合せや視察について ……… 108

○他自治体から寄せられる財産管理制度に関するよくある質問（Q＆A）… 110

○東京都板橋区老朽建築物等対策条例（平成28年条例第71号）…………… 114

空家特措法

空家等対策の推進に関する特別措置法（平成26年法律127号）

基本指針

空家等に関する施策を総合的かつ計画的に実施するための基本的な指針（平成27年総務省・国土交通省告示 1 号）

ガイドライン

「特定空家等に対する措置」に関する適切な実施を図るために必要な指針（平成27年 5 月26日　国土交通省・総務省）

パブコメ回答

『「特定空家等に対する措置」に関する適切な実施を図るために必要な指針（ガイドライン）（案）』に関するパブリックコメントに寄せられたご意見と国土交通省及び総務省の考え方（平成27年 5 月26日国土交通省・総務省）

平成27年12月25日付け事務連絡

国土交通省住宅局住宅総合整備課および総務省地域創造グループ地域振興室作成の平成27年12月25日付け「『空家等対策の推進に関する特別措置法』に関する御質問について」

廃棄物処理法

廃棄物の処理及び清掃に関する法律（昭和45年法律137号）

装丁デザイン　　コミュニケーションアーツ（株）

第 1 章

行政代執行の決定

1　板橋区の概要

　板橋区は東京23区の北西部に位置しており、令和元年10月1日時点の人口は571,122人である。

　昭和7年当時の人口は約12万人であったが、戦後の復興と高度成長期を経て、高島平団地の開発やマンション建設等により人口は増加し、現在では57万人（外国人含む）を超えており、住宅都市・生活都市としての顔を持っている。

　板橋区の空き家率は、「平成30年住宅・土地統計調査結果（総務省統計局）」によると、総住戸数は336,280戸あり、そのうち空き家戸数が36,640戸、空き家率が10.9％となっている。東京都の平均10.6％と比べ若干高い空き家率になっている。

　板橋区では、平成20年代から空き家や、人が居住している老朽化した建築

物に関する問い合わせが年々増加する傾向にあり、平成25年、26年には、実態を把握することを目的として板橋区全域を対象とした老朽建築物実態調査を行った。その結果区内には118件の空き家と89件の空き家以外の老朽化し危険と判定される建築物があることを把握した。（この調査は、住宅・土地統計調査とは異なる。）

2　事案の概要

平成７年に板橋区へごみ屋敷に関する苦情が近隣住民から寄せられ、対応を始めていた。

現地の建物は昭和33年に建築された木造２階建ての住宅で、建物の延べ面積は約41m²、敷地面積は約171m²である。敷地は建築基準法の道路に接道していない無接道の敷地であり、現地周辺は、住宅地となっている（図表１）。

当時は、体積した残置物から害虫や臭いが発生していたため、環境部門から所有者に対して残置物を撤去するように指導をしていた。

また、保健所とも連携して殺虫剤の散布などを行っていた。しかし、所有者による改善が進まないことから、庁内の関係部署が集まり対策検討会を開催し、残置物への対応と併せて所有者に対しての心のケアなども視野にいれた対応を検討していた。

所有者は、自分が持っているものは全て財産だと言い張っており、自ら改善対応する意思が見られず、行政に対してもあまり心良く思っていないようで、区からの指導などを受け入れることはなかったと記録されていた。

現地の状況は改善されないままであったが、所有者への説得や警察の協力により、環境部門が中心となり敷地の外に突出していた残置物を、所有者本人や親族から同意を得て撤去した。

敷地内に体積していた残置物の量の全てを測定することは困難であった

が、現地調査時の状況から推定した量では約430m³あり、重さに換算すると約130t であった。

事案の経過
・平成 7 年　環境部門に陳情あり
・平成19年　環境部門、清掃部門、所管警察署が連携し、敷地の外に出ている残置物の撤去を行った。
・平成27年 3 月　所有者が死亡
・平成27年 6 月　環境部門より情報提供
・平成27年 7 月　法定相続人全員が相続放棄
・平成28年 2 月　相続人の全員が相続放棄していることを確認（東京家庭裁判所へ「相続放棄及び限定承認の申述の有無」について照会）
・平成28年 3 月　緊急安全対策工事（仮囲い設置工事）を実施

図表 1　現地概略図

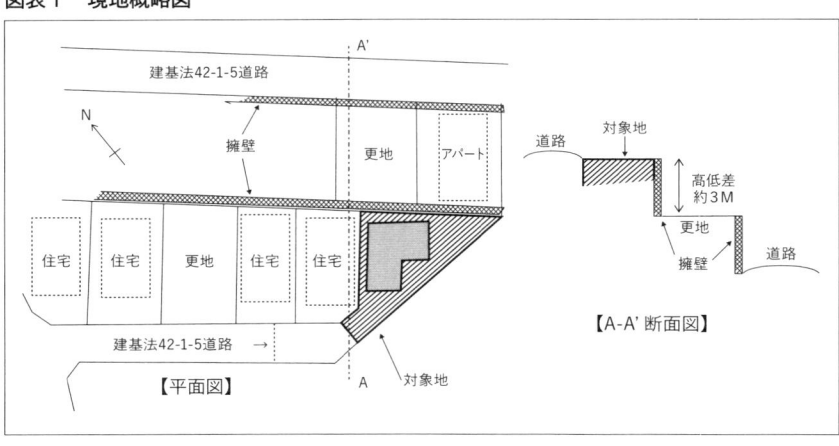

現地の状況

（平成27年頃の状況）

3　所有者調査

(1)　所有者の死亡、相続人の調査

　平成27年度に所有者が死亡したことから空き家となり、建築指導課が対応を引き継ぐことになった。所有者が死亡していることで指導する対象者が不明のため相続関係者の調査を行うことになった。

　調査は、所有者の親族が住んでいる自治体への戸籍照会や、東京家庭裁判所へ相続放棄および限定承認申述の有無について照会を行った。調査をした

図表2　相関関係図

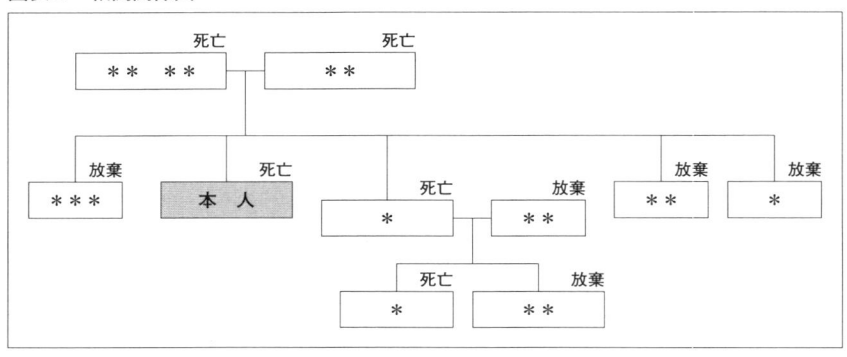

ところ、所有者の親族は全員相続放棄をしていることが判明した（図表2）。

(2)　相続調査の苦労した点

　当時は技術職員のみで構成されていたため、戸籍関係に詳しい事務系職員がおらず、後に相続財産管理人申立書の添付書類に必要となる全ての書類を整える作業には多くの時間を費やした。また、各自治体から戸籍の公用請求に対して問い合わせがあるなど、空家特措法の調査権限が浸透していなかったことも一つの要因である（図表3）。

図表3　戸籍照会文例

〇〇〇〇〇〇〇〇〇
平成〇年〇月〇〇日

〇〇〇〇　〇〇　様

板橋区長　〇〇　〇

住民票・戸籍謄本・戸籍の附票の写し交付依頼書

　下記の故人が所有管理されていた建物について、下記の故人は平成〇年〇月〇〇日にお亡くなりになっており、以後、空家の状態が続き、このまま放置されますと建物の老朽化による崩壊等が懸念されるので、下記の故人の親族と連絡をとり相続関係を確認するため。
　なお、下記の〇〇〇〇については調査済みです。

根拠法令　〇〇〇〇〇〇

必要なもの
・〇〇〇〇〇の戸籍謄本及び戸籍の附票の写し（本籍省略なし）を各1通

記

氏名　〇〇〇　〇〇
住所　〇〇〇〇〇〇〇〇〇〇
本籍　〇〇〇〇〇〇〇〇〇〇〇〇〇〇〇
生年月日　〇〇〇〇〇〇

氏名　〇〇　〇〇〇
住所　〇〇〇〇〇〇〇〇〇〇
本籍　〇〇〇〇〇〇〇〇〇〇〇〇〇〇
生年月日　〇〇〇〇〇〇
筆頭者　〇〇　〇〇

請求元
板橋区都市整備部建築指導課
監察グループ　担当　〇〇
電話　〇〇〇〇〇〇〇〇〇

疑問1　相続人調査は終了したか。「戸籍調査済み」と考えて大丈夫か。

　所有者の相続人が存在するのであれば、相続放棄をしていない限りは、一旦は空家特措法に基づく指導等を実施する必要がありそうである。また、空家特措法に基づいた代執行等を実施してしまってから、区が認識していなかった新たな相続人の存在が判明した場合には、トラブルの発生が懸念される。

　そこで、少なくとも、区が実施できる調査は尽くしておくべき、と考え、現時点で、戸籍に関する調査が全て終了し、「戸籍調査済み」との結論を出して良いか、次の点を検討した。

①　最も推奨される案は、戸籍係の現役職員か、当該係に勤務経験があり、この分野に精通している職員の助力をあおぐこと。

②　ただし、他課の職員に対して、本来業務以外のことを依頼するものであるから、配慮が必要である。

③　もちろん、当該職員が仲の良い同期入庁者等であれば、ゼロから教えてもらうことも可能ではあるが、そうでなければ、事前の予習を実施し、できるだけ負荷をかけないことが、今後の協力関係の維持において重要である。

④　その際の学習方法としては、インターネットで概要をつかむ方法があり得るが、情報量、分かり易さ、検索の容易さの観点から考えると、「一般人を対象とした、絵入りの、戸籍に関する解説本」が恐らく最も便宜である。例えば、筆者は、石原豊明ほか「戸籍のことならこの1冊」（自由国民社、2014年）などを購入して概要を学習した。自分の足

で書店に出かけ、複数の書籍を読み比べて、自分にとって最も分かり易い書籍を購入することが確実であり、かつ、最も早い。

疑問2　「改製原戸籍謄本」「除籍謄本」等の調査の必要性と留意点は。

詳細は割愛するが、死亡した者の出生から死亡までの連続した全ての戸籍を入手しなければ、相続人が確定しない（更に、相続財産管理人選任の申立て時においては、東京家庭裁判所の運用では、「被相続人の出生時から死亡時までの連続する全ての戸籍謄本（除籍謄本・改製原戸籍謄本を含む。）」が必要とされている。）。

例えば、改製原戸籍謄本を入手してはじめて、死亡した者に嫡出子がいたことが判明することもある。

また、除籍謄本を入手してはじめて、死亡した者が婚姻する前に、実は子を認知していたことが判明することもある。認知をしていた場合、現在の戸籍に認知の事実が記載されているとは限らない。

戸籍係の職員に助力を求める際、このあたりの制度の仕組みや専門用語について学習が済んでいると、相手方にストレスを与えず、また、必要最小限の時間で効率的に助けてもらいやすい。

疑問3　残された課題・リスクとは。

次に述べるリスクの存在を窺わせる兆候があるかどうか、アンテナを張っておくことが推奨される。これらの制度が存在することを知っている場合と知らない場合とでは、兆候に対する感度が大きく異なる。ある兆候の存在を認識していたにもかかわらず、その法的意味合いに気付けなかった場合、それが過失であると評価されるかもしれない。

㋐　死後認知請求

今後、死後認知請求がなされた場合は、区が認識しない間に、あらたな相続人が発生する可能性がある。

> 民法第787条
> 子、その直系卑属又はこれらの者の法定代理人は、認知の訴えを提起することができる。ただし、父又は母の死亡の日から三年を経過したときは、この限りでない。

(イ) 遺言による認知

死亡者が、「遺言」によって認知をしており、死後認知の手続きがされていないのであれば、未だ、戸籍上には認知の事実は載っていない。

（認知の方式）

> 民法第781条
> 認知は、戸籍法の定めるところにより届け出ることによってする。
> 2　認知は、遺言によっても、することができる。

4　緊急安全対策工事の実施

(1) 平成28年に実施した緊急安全対策工事

所有者が死亡又は関係者が相続放棄していることにより、管理されていない状態のまま放置されることで、敷地内への侵入、外部からのごみの持込、火災発生のおそれがあった。そこで建築指導課では、平成28年3月に「板橋区老朽危険建築物等に係る緊急安全対策工事実施要綱」に基づき緊急安全対策として出入口部分に仮囲いを設置し現地の状況が悪くなることを防ぐ措置を約30万円支出し行った。この費用が相続財産管理人を申立てるための債権となる。

仮囲い設置前

仮囲い設置後

(2)　緊急安全対策工事の経過

①　事前準備

平成28年3月2日　業者に緊急安全対策工事の見積もり依頼

②　警察への立会依頼

所有者が存在しない空き家の敷地（民有地）に対して区が侵入者防止用の仮囲いを設置するに際し、工事の透明性を確保する必要があることから事前に警察に作業当日の立ち合いを依頼した。立会依頼については書面を作成し、作業内容や状況の説明については事前に直接現場で打合せを行った。

③　近隣住民への対応

平成28年3月15日に隣接する住戸6件へ職員が個別訪問し、緊急安全対策工事（仮囲い設置工事）の実施日や作業内容に関する説明を行った（図表4）。

④　設置のポイント

平成28年3月30日敷地入口に幅約2m、高さ3mの仮囲い（調査で敷地内に入れるようにするため扉付き）を設置した。

仮囲いが強風等で倒れることがないよう、敷地内から控えを設け十分な強度を確保し周囲に危害が及ばないようにした。

現場に工事のお知らせを掲示

図表 4　掲示した内容

○○○○○○○○○○

平成 28 年 3 月 15 日

侵入者防止用仮囲い設置のお知らせ

　「板橋区老朽危険建築物等に係る緊急安全対策工事実施要綱」の規定に基づき、当該敷地の出入口部分に侵入者防止用仮囲い設置工事を下記の日程のとおり行うこととなりました。

　近隣の皆様におかれましては、ご迷惑をおかけいたしますがご理解とご協力をよろしくお願いします。

　また、本工事についてご不明な点等があれば下記の連絡先までお問い合わせください。

記

工事場所　　板橋区　○○　○○　○○　○○（住居表示）

　　　　　　板橋区　○○　○○　○○　○○（地名地番）

日　　程　　平成 28 年 3 月 28 日（月）〜平成 28 年 3 月 31 日（木）

発 注 者　　板橋区都市整備部建築指導課

連 絡 先　　板橋区都市整備部建築指導課監察グループ

　　　　　　電話　○○○○○○○○○○

> 侵入者防止仮囲い設置工事の法的根拠および工事実施による区の管理責任は今後発生し得るか。

疑問1 緊急安全対策工事実施要綱は、民法に基づく事務管理としての位置づけと整理され策定されたようだが、法的根拠として妥当であるのか。

同要綱が、民法に基づく事務管理としての位置付けと整理されたとの点については、立法経緯を所管課に確認して、当時の資料を調査する必要がある。もしかすると、当時の別の条例等に基づくと解釈されていたかもしれない。

予算執行との関係で、「法的根拠として妥当」か否かは、財政部門の確認が必要であろう。

個人主義・自由主義を前提とした日本において、「他人の財産や生活に対して干渉する行為」が適法と言えるか否か。特に、行政が主体となる場合には「法律による行政」も問題となるため、事務管理のような包括的な規定ではなく、個別規定が必要である、という考え方もあり得る。

この点については、過剰保管廃棄物の調査を地方公共団体が実施したことについて事務管理の成立を認めた名古屋高判平成20年6月4日判時2011号120頁があるので、行政の行為であっても、事務管理が認められる余地はある。

とはいえ、本件では、民法697条が求める要件を充足する必要があり、例えば「義務なく」や「他人」の要件が充足されない、とされる可能性もあり得る。

他法令で実は当該行為が自治体に義務付けられている場合は「義務なく」

の要件を欠くし、当該行為が実は自治体の事務でもあった場合には、「他人の」の要件を欠くことになる。

　本件については、このような危険な建物に対し、増築や修繕を命じることができ、従わなければ行政代執行をすることができるとの法令（例えば建築基準法第10条）が存在する場合には、当該権限の付与がされていることをもって、「自治体の義務」とまでは言えなくても、「自治体の事務」と評価するべき、との考え方が採用されれば、事務管理とならない可能性がある。

　その場合には、

① 　本来であれば、除却を行政に義務付ける、又は当該事務が自治体の事務であるとする法令があり（この点で、「義務なく」「他人の」の要件を欠く可能性がある。）

② 　当該法令が求める除却にあたっての手続き要件を充足させないまま

③ 　安易に、本来用いることができない事務管理の規定を用いた

④ 　すなわち、「他人の財物・生活」に、法律の根拠なく干渉した

とされる可能性がある。したがって、事務管理が必ず成立する、という前提に立つべきではない。

　そして、せめて、「そのような干渉が必要であり、干渉内容も相当であった」ことを示す証拠を十分に確保しておくべきである。

疑問 2　事務管理を根拠とした場合に民法第700条の事務管理の継続により管理責任が発生したことになるか。

　事務管理が成立したことが前提となるが、その場合であれば、民法第700条により、同条に掲げられた者が管理をすることができるまで、事務管理を継続する義務が生じる。

疑問 3　所有者が確知できないという場合において、事務管理に該当し得ないときは即時執行にならざるを得ないと思われるが、その法的根拠は「法律」によらねばならないか。

即時執行は、私人にその受忍を強制するということであるから、侵害留保原則からみても、当然に、法律の根拠が必要となる。ただし、相手方に義務を課して、その義務の履行の確保を図るものではないから、行政代執行法第１条の適用はなく、法律ではなく条例によることも可能と解されている。

5　行政代執行の検討

(1)　他自治体の事例研究

　行政代執行の検討にあたり、まず各自治体の事例研究をおこなった。空家特措法第14条第10項の規定により略式代執行をするための要件には、過失なく措置を命ぜられるべき者を確知することができない場合、つまり調査によって所有者と連絡が取れない場合などにより所有者を特定できないが、倒壊等で周辺環境に危険が生じる恐れがある場合は、略式代執行で解体等の作業を行うということになる。

　空家特措法が完全施行された平成27年度に行われた略式代執行では、兵庫県明石市（通学路に面した木造戸建の解体）、福岡県飯塚市（通学路に面した木造平屋建の解体）、神奈川県横須賀市（木造平屋建の解体）など全国各地で、８件の実施が報告されている（国土交通省の調査結果）。

　行政代執行の事例としては、東京都内でも実施事例が出始めた。葛飾区では平成28年３月に木造２階建ての住宅が倒壊の恐れがあり、建物の解体が行われた。品川区では平成28年５月に敷地内および建物内のごみの撤去（25t）と外壁および柱の修復が行われた。

　東京都内においても、行政代執行の実施が広がりつつある状況であった。全国的にも平成27年度は１件であったが、平成28年度は10件に増加した。

　当区の行政代執行後も平成29年度においては、町田市で平成29年10月に土地・建物共所有者が確知できない建物のトタン板、アンテナ及び軒樋の撤

去、立木の伐採の略式代執行を実施し、代執行後に、費用の求償債権を根拠に家庭裁判所にて相続財産管理人の選任手続きを行い、費用の償還を求める手法をとった。台東区では、建物所有者を確知できない保安上危険である建物の解体（基礎を除く）と残置物撤去の略式代執行を実施したが、土地と建物の所有者が異なるため、回収見込みなしとしている。

さらに、世田谷区および大田区では不在者財産管理制度を活用し、不在者財産管理人により、建物の解体を行った。

一方で、代執行の費用の回収方法についても調査を行った。行政代執行は、行政代執行法に基づく強制徴収ができるが、略式代執行は求償債権となるため、民事として請求していかなければならない。（参考文献：国土交通省HP「地方公共団体の空き家の取組事例」）

(2) 敷地の価値について

ア 公示価格の算出

空き家周辺の公示価格では、388,000円/m²（平成28年度）であったが、駅からの距離や敷地形状等の要因もあり、公示価格から減額補正してみると、280,000円/m²と想定された。ただし、公示価格の算出は接道敷地となっているところの価格であり、本敷地は無接道敷地であるため、その価格の1〜3割（28,000〜84,000円/m²）の価格と仮定した。

◆公示地価からの算出による価格

171.23m²（地積）×28,000円/m²＝4,784,440円≒500万円

171.23m²（地積）×84,000円/m²＝14,383,320円≒1,500万円

500〜1,500万円と想定した。

イ その他の条件、確認すべきポイント

① 本件土地に「遺跡」等の文化財が無いか

万一、文化財が埋蔵されていると、不動産の処分にあたり大きな制約とな

り得る。もし埋蔵されていることが発覚すれば、本件土地の売却が困難となる要因となる。その場合、本件土地を買ってくれる人が現れない可能性が高まるし、現れても、低価格でしか買ってくれない、というおそれがあることを認識しておく必要がある。そこで担当部門に照会し、周知の埋蔵文化財包蔵地であるかどうか確認したところ対象地域であったが、対象となる工事には該当しなかった。

　②　土壌汚染リスクはないか

　万一、土壌汚染が発覚すれば、埋蔵文化財と同様の問題が生じる。

　土地の履歴に、「工場」、「クリーニング業」「めっき工場」「ガソリンスタンド」などがないか航空写真にて以前の建物の状況を確認した。その結果、周辺は雑木林であり、工場等であった形跡はなかった。

　③　既存擁壁部分の評価

　職員により、大地震等による災害発生時の被災宅地の危険度判定に活用されている被災宅地危険度判定基準に基づいた擁壁のクラックの状態、排水の状態等の調査を行った。

　判定基準に基づく調査により、擁壁の状態を確認することができた。直ちに擁壁が崩壊するような状況ではなかったが、本建物、樹木の繁茂及び残置物の重量が過大であり、特に残置物だけでも約130t と想定されているため、擁壁に負担をかけている重量の軽減が擁壁の安全性につながることが判明した。

(3)　解体工事費用

　解体工事にあたっては、まず3社から同条件での見積りを取得した。その結果、次のとおりの費用が見込まれることになった。

ア　建物解体処分工事

　・木造2階（1階　約40m^2、2階　約25m^2）
　費用200万〜400万円

イ　残置物撤去処分

・残置物総量　427m^3（敷地面積約171m^2×平均高さ2.5m）

　　　　　　　128t

　　　　　　⇒混合廃棄物　重量換算係数　0.30t/m^3

　　　　　　427m^3×0.3t/m^3＝128.1t

（平成18年12月27日　「産業廃棄物管理票に関する報告書及び電子マニフェストの普及について（通知）」『（別添2）産業廃棄物の体積から重量への換算係数（参考値)』）

費用900〜1,300万円

・残置物処理（一般廃棄物収集運搬・処理）

費用200万円

ウ　共通費（共通仮設費、現場管理費、一般管理費）

費用500〜700万円

【総費用】　1,800万〜2,600万円

（※金額は、いずれも税込み（8％））

(4)　廃棄物の種別の考え方について

　廃棄物処理法上、廃棄物は大きく分けて一般廃棄物と産業廃棄物に分けられる。

一般廃棄物：産業廃棄物以外の廃棄物（廃棄物処理法第2条第2項）

産業廃棄物：事業活動に伴って生じた廃棄物のうち、燃え殻、汚泥、廃油、廃酸、廃アルカリ、廃プラスチック類その他政令で定める廃棄物（廃棄物処理法第2条第4項第1号）

　このことから、本物件を除却するうえで処分すべき廃棄物は

①　敷地内に所有者が持ち込んだ一般廃棄物

②　建築物の除却によって発生する産業廃棄物

③　一般廃棄物の撤去により崩壊した建築物の部分および崩壊していたと
　　思われる建築部材

の3種類に分けることができる。

　上記①②についてはそれぞれ所管が分かれており、①については区の清掃
部門、②については東京都環境局。③については、事業により発生した廃棄
物ではないので一般廃棄物になると思われるが清掃部門とそれぞれ協議をす
る必要がある。

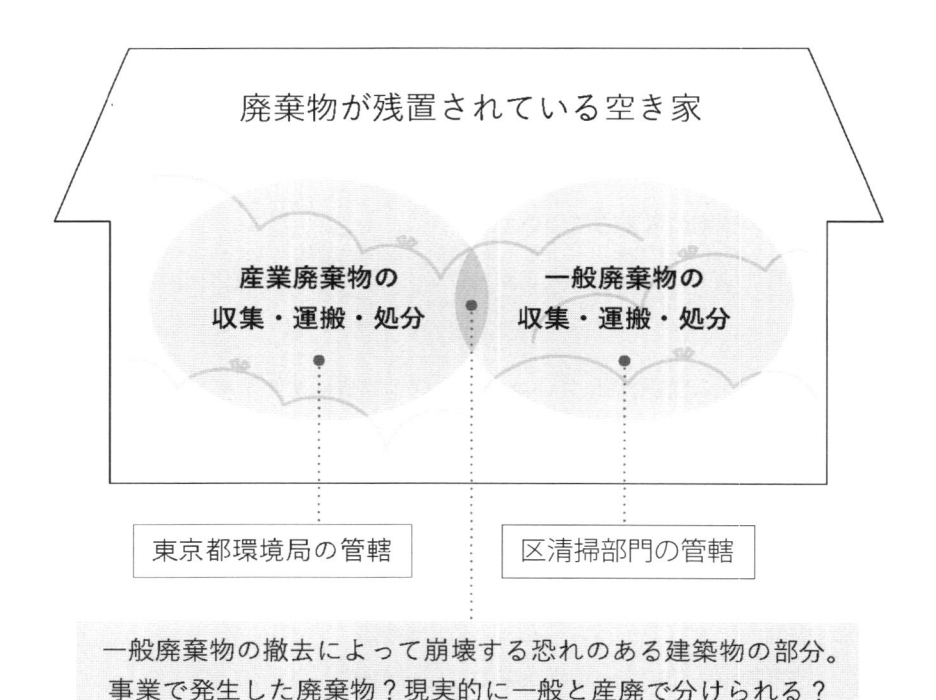

廃棄物が残置されている空き家

産業廃棄物の
収集・運搬・処分

一般廃棄物の
収集・運搬・処分

東京都環境局の管轄　　　　区清掃部門の管轄

一般廃棄物の撤去によって崩壊する恐れのある建築物の部分。
事業で発生した廃棄物？現実的に一般と産廃で分けられる？

法規部門との協議

略式代執行の要件に該当するか否か。

疑問1 登記上の所有者およびその法定相続人全員の相続放棄又は死亡を確認しているが、これが空家特措法第14条第10項にいう「過失がなくてその措置を命ぜられるべき者を確知することができないとき」に該当するか。

「過失がなくて」とは、市町村長がその職務において通常要求される注意義務を履行していることを意味している。具体的には「特定空家等」の所有者等およびその所在につき、市町村が空家特措法第10条に基づき例えば住民票情報、戸籍謄本等、不動産登記簿情報、固定資産課税情報などを利用し、空家特措法第9条に基づく調査を尽くした場合を想定している」としている（宮路和明ほか「空家等対策特別措置法の解説」大成出版社、2015年、160頁）。

ここでは「戸籍謄本等」とは、おそらく、「改製原戸籍謄本」「除籍謄本」等を当然に含む趣旨と考えられる。「市町村長がその職務において通常要求される注意義務」とされているので、市町村長の手足となって執務している戸籍係の職務を基準に、調査を実施するべきである。

なお、相続人が客観的に存在したにもかかわらず、それを知らずに略式執行をしてしまったという場合に備え、本件建物の略式執行までの経緯や、本件建物を選定して執行した理由等を説明できるようにしておくべきである。

侵入防止の仮囲いが30万円かかった理由についても、明確にしておくべきである。後日、事務管理等を理由に請求をする場合に、その金額が正当であることを説明できるようにしておくことが必要である。例えば、①どのよう

な強度・素材・構造のものを、どのような根拠で求めたのか（オーバースペックではなかったこと）、②その強度のものがその金額となることを示す資料、などが考えられる。

その他の問題として、以下のように、将来において相続人が発生する、又は見つかる可能性があるが、これらについては、板橋区は通常知りようがないので、おそらく「過失がなくて確知できないとき」にあたると考えられる。

もちろん、特殊な事情があって、知っている、又は知りえる状況であれば、「過失」があることになる。従前、区が入手した情報や、既に入手した情報の中に、そのような事情が存在することを疑わせるようなものがなかったか、兆候がなかったか、注意する必要がある。

法規部門との協議

> 建築基準法と空家特措法の違いは。

疑問2　板橋区による直接的な問題解決には、建築基準法に基づく行政代執行と空家特措法に基づく行政代執行が考えられるが、どのように整理すべきか。

建築基準法

① 発令要件が抽象的という問題点

建築基準法第10条3項は、命令発出要件が抽象的であり、要件が充足されているか否かの判断が困難である。実際に、全国的にも、命令事例がほとんど無い（北村喜宣ほか「空き家対策の実務」有斐閣、2016年、8頁）

② 大量の残置物の処分が困難

　本件では、大量の残置物（動産）が敷地内に存在する。建築基準法は、あくまで建物の除却についてのみ規定しているため、動産についての措置が困難であった。

空家特措法

①　発令要件は建築基準法よりも緩和

　建築基準法と比較すれば、命令発出要件は緩和されている。

②　大量の残置物の処分は、制限があるが可能

　空家特措法第14条1項及び10項は、「特定空家等」の「除却」のほか、「周辺の生活環境の保全を図るために必要な措置」の代執行を認めている。

　この「必要な措置」に、「ごみ屋敷の残置物（動産）の処分」が含められているかについては裁判例がない。

　この点、「ガイドライン」の「第3章.6.(1)実体的要件の明確化」では、代執行措置の範囲について、「生活環境等の保全を図るという規制目的を達成するために必要かつ合理的な範囲内のものとしなければならないこと」と記載している。

　したがって、この範囲内であれば、動産につき、「生活環境等の保全を図る」処分も可能。ただし、動産を「撤去する」にとどまらず、「捨てる」ことが「必要かつ合理的な範囲内」の手段と言えるか不明。

③　「特定空家」の認定を行うことが必要

　空家特措法の適用条件として、空家になってから概ね1年以上経過したものであることが基本指針の中で示されている。その上で、特定空家の認定を行う必要がある。

④　代執行の方法

　相続財産管理人を選任した場合には、その者は、民法第28条、第103条、第953条に基づく権限を有する。

　管理人が民法第103条に規定する権限を越える行為を必要とする場合は、家庭裁判所の許可を得る必要がある。このような条件付きの権限を有する者

が、空家特措法第3条にいう「所有者又は管理者」に該当するか、争われ得るかもしれない。

　この点は、相続財産管理人選任の時点から、相続財産管理人に対する、空家特措法第14条に基づく「助言」「勧告」「命令」を実施したうえで、空家特措法第14条第9項に基づく代執行の実施を予定している旨を、相談しておくべきである。

　相続財産管理人を選任しない場合には、空家特措法第14条第10項にいう「過失がなくてその措置を命ぜられるべき者を確知することができないとき」にあたるものとして、略式代執行の手続きを実施する。

法規部門との協議

　対象物件選定の妥当性とは。

疑問3　本空き家を選定するにあたり、他にも同様の老朽家屋があるのに、なぜ本物件を行政代執行の第1号にしたのか。

　疑問に対する明確な説明を準備しておく必要があるため、次の資料を作成した。本物件は、建物の傾斜および著しい老朽化が見られ、かつ残置物の量も他の物件と比較しても膨大であった。

　また、高さ3mを超える古い擁壁もあり、今回は特に残置物の荷重が当該擁壁に悪影響を与えている状況であった。

図表 5　区内に存在する残置物のある老朽建築物の比較

物件	評価項目							
	建築物			合計	建築物以外			その他
	傾斜	外壁	屋根		残置物の量	繁茂	居住の有無	擁壁の有無
1	5	5	5	15	◎	◎	無	有
2	3	3	3	9	○	○	無	無
3	3	3	3	9	△	△	無	無
4	4	4	4	12	△	△	有	無
5	4	5	4	13	△		無	無
6	3	3	3	9	△		無	無
7	4	3	3	10	○		不明	無
8	3	3	3	9	△		不明	無
9	3	4	5	12	○		不明	無
10	3	3	3	9	○		有	無
11	3	5	3	11	○		有	無

※建築物についての最高点は 5 点とし評価している。

【結果】本物件 1 が全ての項目において高い点数となっている。

法規部門との協議

**　相続放棄した者又は親族関係者へ法的な働きかけはできるか。**

疑問 4　財産管理義務のおよぶ範囲とは。

　民法第940条に基づく財産管理義務については、当然保存行為のみに限定され、必要な措置を講ずる権原がないため必要な措置を命ずることができないと考えられる（国交省見解。平成27年12月25日付け事務連絡「『空家等対策の推進に関する特別措置法』に関する御質問について」）。

本件における解決方法の流れは次のとおりである。

相続財産管理人の申立て　→（管理人が措置を講じない）→　空家等特別対策措置法に基づく行政代執行

疑問5　相続財産管理人の選任を申し立てる理由如何。

以下の2点である。
① 相続財産から費用を回収するためには、行政代執行法による代執行でも、空家特措法に基づく略式代執行でも、相続財産管理人を相手にしなければならないため。
② 代執行後の土地の管理を相続財産管理人に任せることができるため

疑問6　相続財産管理人の申立てを行政代執行前に行う理由は。

以下の3点である。
① 大量の残置物について、どのような処分をするべきかにつき、自治体側では判断できないため。

　　他方、相続財産管理人においては、実務上、「財産的価値のない動産は、廃棄するのが原則となる。財産的価値のない動産の廃棄には、家庭裁判所の権限外行為許可の審判は不要」（片岡武ほか「家庭裁判所における成年後見・財産管理の実務」日本加除出版、2014年、358頁）とされているため。
② 相続財産管理人が空家特措法第3条の「所有者等」となるのであれば、空家特措法第14条9項に基づく行政代執行法による行政代執行になる。この行政代執行の場合には、行政代執行法第6条の恩恵（国税滞納処分の例による徴収、税に次ぐ順位の先取特権）を受けられるため。
③ 相続財産管理人が土地以外の財産を発見し、その財産を費用として管理人自身で除却を行う可能性が期待できるため。

6　相続財産管理制度の検討

(1)　制度活用方法のメリット、デメリット

　行政代執行を実施するため、区では複数のパターンを検討した。その中で相続財産管理制度を活用することについても検討した。

　具体的な検討項目の例としては図表6のとおりである。

図表6　行政代執行における検討項目

	①行政代執行	②略式代執行	③管理人のみ選任
財産管理人	申立する	申立しない	申立する
残置物の判断	相続財産管理人	区	相続財産管理人
費用請求	請求する	請求しない	請求する
跡地管理	相続財産管理人	区	相続財産管理人
総合判断	・残置物を管理人に判断してもらえる。 ・費用回収に先取特権がある。 ・空家特措法の手続きを行うため代執行まで時間がかかる。 ・総合判定：◎	・残置物を区が判断するため、時間がかかる可能性がある。 ・費用回収の相手がいない。 ・代執行を行うまでにかかる時間は短い。 ・総合判定：△	・管理人の対応次第となり解決が進まずに、今の状態が放置される可能性がある。 ・費用は最も少ない。 ・総合判定：○

　①は財産管理人を選任して行政代執行を行う場合、②は略式代執行を行う場合、③は選任された財産管理人が対応した場合をパターン分けして制度活用方法のメリット、デメリットの検討を行った。検討の結果、総合判定 "◎" の①管理人を選任して行政代執行を行うという選択をした。

　①を選択した理由として、本件は、敷地内だけでは無く、建物内にも大量に堆積している残置物がごみなのか財産なのかを判断する必要があったことによる。区が残置物をごみと判断し処分をすることについては、仕分けや管

理等の手間がかかり負担が増えることになる。

　そのため財産管理制度を活用することで、判断を相続財産管理人に委ねることができると判断をした。費用回収においても行政代執行で行うことで、代執行に要した費用について行政庁は国税及び地方税に次ぐ順位の先取特権を有することになることから、費用を少しでも多く回収可能な方法を選択した。また、行政代執行後の跡地についても相続財産管理人が管理処分権を有することとなるため区が跡地の活用等について検討する必要がなくなる上、跡地が売却できた場合にはその売却代金が相続財産となり費用回収が可能となる。

　②　所有者が確知できないため、略式代執行という選択肢がある。この場合、空家特措法の手続きが簡略になり行政代執行着手までの時間が短縮されるという可能性はあるが、残置物の判断、費用回収、跡地管理について全てを区が行うことになり区の負担が増えることが想定されること、また、跡地について処分（売却）権を有する者がいないため売却代金から費用回収できる可能性もないこと等から、総合判定は△とした。

　③　相続財産管理人に対応を任せるという選択肢もあった。

　この場合は、区が行政代執行をするなどの費用等の負担は減る事になるが、相続財産管理人の動きによっては状況が改善されずにいつまでも現地の状況が変わらないということが想定される。

　本件のような残置物が大量に堆積しているような物件であり、かつ無接道

敷地という状況であることから、売買することは難しいことが想定される。

　現況のまま売買が難しいのであれば建物除却、残置物処分をした後売買するという方法があるが、それには相当の費用がかかるため予納金だけでは不足し、申立時点では被相続人の財産がいくらあるかもわからない状況であるため、財産管理人が建物を除却し残置物を処分することは難しいであろうと判断した。

　非常に不確定な要素があるが、区の負担は予納金だけということになることから総合判定は"○"とした。

(2)　費用面から検討したメリット、デメリット

　【土地の価格】　　　500〜1,500万円（無接道敷地で算定）

　【代執行の費用】　　　2,200万円（残置物＋建物除却）

　※想定金額1800〜2600万円の中間値と設定した。

　　予納金　　　　　　　400万円

　※当初納める金額は、100万円であったが、長期化した場合、追納することを想定し400万円予算計上した。

図表7　解決方法の選択肢

代執行	区による相続財産管理人の申立て（予納金投入）	土地の売却	事業費計算 （負債）+（予納金）−（土地売却益） （単位：円）	実質負担額	回収率（投入経費に対する回収費用の割合）		総合判断（◎>○>△）
○	① ○	○	2200万+400万−<u>（500万〜1500万）</u>	約1100万〜約2100万	約20〜60%	◎	・代執行およびその費用回収、跡地利用を含めた全ての手続きを網羅し、事業を完結することができる可能性が高い。 ・投入経費が多いが費用回収ができるか不明。
	② ×	×	2200万+0万−<u>0万</u>	約2200万		△	・費用回収はしないが、行政自らが主導的に最低限の改善措置を行う。 ・跡地の管理コスト、責任などの新たな問題が発生する可能性がある。
× （土地購入者による除却）	③ ○	○	0万+400万−<u>（500万〜1500万）</u>	0万〜約400万	100%	○	・予納金のみの支出で、新たな所有者が自主的に除却する可能性がある。（但し、転売されるなど長期化する恐れあり） ・投入経費が最も少ない。

　本件を解決する際に費用回収を検討するため、数パターンのシミュレーションを行った。

　具体的な例としては図表7のようにかかった費用に対して回収できる見込みをそれぞれのパターンで想定して検討をした。

　①は区が財産管理人申立を行い、行政代執行を行う場合である。行政代執行費用は約2,200万円に予納金400万円を合計し、最大で区が約2,600万円を負担した場合。土地が売却できた場合の価格を500〜1,500万円と想定すると、実質負担額が約1,100〜2,100万円発生することになると試算をした。

　この場合は、区が負担する額は検討した中で最も多くなるが、土地が市場に出て売却に成功することで最大 6 割程度回収できる可能性がある。他には財産管理人に対する家庭裁判所による処分行為の許可をもって、残置物の処分を行うことができる見込みがあった。

　また、除却後の跡地についても財産管理人が管理をするため区の責任は軽くなるが、一方で土地の売却ができない場合は投入した経費が回収できずに費用負担が大きくなる。

　②の財産管理人を申し立てない場合は、予納金がかからないことから代執行費用約2,200万円の負担のみとなる。しかし、①で検討している残置物の処分や跡地の管理等についてはすべて区が責任をもって行うことになることから、新たにコストが発生する可能性が想定される。また、跡地について処分（売却）権を有する者がいないため、跡地の売却代金から費用回収できる可能性もない。

　③の財産管理人による解体や売却による新たな所有者等が解決するという場合は、予納金費用400万円までとなり費用面で一番負担が少なくなる。

　しかしながら、多大な残置物の処分費用および建築物の除却費用がかかるため、買い手がつかないことも想定される。そのため、現状の状態が続いてしまい、現地の危険性を回避することができなくなってしまうような不確定な要素が含まれている。

　仮に新たな買い手が現れたとしても、新たな所有者がすぐに残置物の処分や建築物の除却を行ってくれない場合も想定される。そのような所有者に対して、行政代執行を行うことも検討したが、年単位の時間がかかってしまうことが想定される。

　これらのように様々な方向から検討した結果、現地は危険性が切迫しており、早急に建物除却および残置物の処分を行う必要があると判断し財産管理制度を利用した代執行を行い、少しでも費用回収を試みる方針とし、計画を進めた。

図表8　相続財産管理人選任申立書

<table>
<tr><td rowspan="3">受付印</td><td colspan="2">**相続財産管理人選任申立書**（相続人不存在の場合）</td></tr>
<tr><td colspan="2">（この欄に収入印紙８００円分を貼ってください。）</td></tr>
<tr><td>収入印紙　　　　円
予納郵便切手　　　円</td><td>（貼った印紙に押印しないでください。）</td></tr>
</table>

準口頭		関連事件番号　平成　　　年（家　　）第	号

東京家庭裁判所 　　　　　　　御中 平成○○年○月○○日	申　立　人 （又は法定代理人など） の記名押印	東京都板橋区長 　○○　　○　　　　　印

添付書類	申立人の戸籍謄本（被相続人と親族関係にある場合），被相続人の出生から死亡までの戸（除）籍謄本，被相続人の住民票除票，被相続人の父母の出生から死亡までの戸（除）籍謄本，財産目録，不動産登記事項証明書，預貯金通帳写し等，申立人の利害関係を証する書面

<table>
<tr><td rowspan="5">申
立
人</td><td>本　　籍</td><td colspan="2">都　道
府　県</td></tr>
<tr><td>住　　所</td><td colspan="2">〒　　－　　　　　　　　　　電話　　　（　　　　）
（　　　　　　方）</td></tr>
<tr><td>連 絡 先</td><td colspan="2">〒173-8501　　　　　　　　　　　　電話　○○（○○○○）○○○○　直通
東京都板橋区板橋二丁目66番1号
板橋区役所　　　　　　　（都市整備部建築指導課監察グループ　○○　方）</td></tr>
<tr><td>フリガナ
氏　　名</td><td>東京都板橋区長　○○　○</td><td>大正
昭和　　年　　月　　日 生
平成</td></tr>
<tr><td rowspan="4" style="display:none"></td><td></td><td></td></tr>
</table>

<table>
<tr><td rowspan="4">被
相
続
人</td><td>本　　籍</td><td colspan="2">○○　都　道　○○○○○○○○○○
府　県</td></tr>
<tr><td>最後の
住　所</td><td colspan="2">〒○○○○○○○
○○○○○○○○○○○○○○
（　　　　　　方）</td></tr>
<tr><td>フリガナ
氏　　名</td><td>○○○
○○　○○○</td><td>大正
昭和　○○年○月○日 生
平成</td></tr>
<tr><td>死亡当時
の
職　業</td><td colspan="2">○○○○</td></tr>
</table>

相続財産管理人（1/2）

32

（裏）

申　　立　　て　　の　　趣　　旨
被相続人への相続財産の管理人を選任する審判を求める。

申　　立　　て　　の　　理　　由

※　被相続人は　平成○○年○月○○日に死亡したが，
　　① 相続人があることが明らかでないため。
　　② 相続人全員が相続の放棄をしたため。

申立人が利害関係を有する事情
※
　① 相　続　債　権　者　　　2　特　定　受　遺　者
　　3　相続財産の分与を請求する者　　4　そ　　の　　他

（その具体的実情）	相　続　財　産
別紙1　「申立の理由」参照	※
	① 土　　　　　　地
	② 建　　　　　　物
	3　現　　　　　　金
	4　預　・　貯　金
	5　有　価　証　券
	6　貸　金　等　の　債　権
	7　借地権・借家権
	8　そ　　の　　他
	内訳は別紙遺産目録のとおり
	遺言　　　※ 　　　1 有　2 無　③ 不明
（備　考）	
・別紙2　相続関係図および戸籍情報	
・別紙3　相続放棄等の申述の有無について（回答）	
・別紙4　不動産登記事項	
・別紙5　敷地概略図および現況写真	
・	

※あてはまる番号を○でかこむ。

相続財産管理人（ 2/2 ）

図表9　遺産目録

<table>
<tr><th colspan="7" style="text-align:center">遺　産　目　録　（土　地）</th></tr>
<tr><th>番号</th><th>所　　　　在</th><th>地　番</th><th>地　目</th><th>地　積</th><th>備　考</th></tr>
<tr><td>1</td><td>○○○○○○○</td><td>○○番 | ○○</td><td>○○</td><td>平方メートル
○○○ | ○○</td><td>建物1の
敷地</td></tr>
<tr><td>2</td><td>○○○○○○○○</td><td>○○ | ○○</td><td>○○</td><td>○○ | ○○</td><td></td></tr>
</table>

<table>
<tr><th colspan="8" style="text-align:center">遺　産　目　録　（建　物）</th></tr>
<tr><th>番号</th><th>所　　　　在</th><th>家屋
番号</th><th>種類</th><th>構　造</th><th colspan="2">床　面　積</th><th>備　考</th></tr>
<tr><td rowspan="2">1</td><td rowspan="2">○○○○○○○</td><td rowspan="2">○○○</td><td rowspan="2">○○</td><td rowspan="2">○○○○
○○○</td><td>1階</td><td>平方メートル
○○ | ○○</td><td rowspan="2">土地1の
建物</td></tr>
<tr><td>2階</td><td>○○ | ○○</td></tr>
</table>

(3)　申立書作成の注意点

　家庭裁判所への事前確認で申立が確実に認められるとまで言い切れる状況ではなかったため、申立書の「申し立て理由」には、仮囲いの設置費用による債権と代執行の可能性による将来的な債権の 2 つを記載し、更にその根拠となる資料（これまでの経過や空家法の今後の対応等）を添付し、申立を行った（図表 8 、 9 ）。

　添付資料の作成にあたっては、法規部門への相談に加え、臭気など目に見えない部分をいかに見せるかという点の工夫をした。

相続財産管理制度の利用可能性を検討していく上での課題は何か。

疑問1　板橋区は、相続財産管理人選任申立をすることができるか、また民法第952条1項にいう「利害関係人」にあたるか。

　仮囲いの設置が「事務管理」と評価されるのであれば、設置費用についての費用償還請求権（民法第702条）を根拠として、債権者であると主張することが考えられる。ただし、現時点において、仮囲いが間違いなく「事務管理」と評価されるかは不明である。

　そこで、「空家特措法に基づく除却は公益のためであり、これは公益の代表者たる立場（検察庁法第4条）を有する検察官に準じた立場である」とのロジックや、将来的に代執行を実施することが確実であり、将来債権が存在するなどの補助的なロジックを併用する。

　これらの複数の理由付けで、実際に申し立てを実施してみることが考えられる。

疑問2　選任申立が先で、その後に建物除却を実施した場合、例えば「仮囲い設置費用約30万円」のみを「利害関係」の理由として記載して申立てを実施するが、その後に必要となった代執行費用である数千万円について、相続財産法人に対して請求できなくなるのか。
また相続財産管理人が債権者等への請求申出の公告を行っている間に行政代執行すれば、その費用と合わせた額が回収上限額となるのか。

民法第957条第1項、第2項、第935条により、期間内に申し出なかった債権者は、「残余財産」についてのみ、その権利を行使可能である。ここで、「残余財産」とは、清算手続を進めて、債権者らに弁済を一旦終了して後、なお残っている相続財産の一部を指す（「基本法コンメンタール 相続」2002年2月、別冊法学セミナー、137頁）。

本件では、「請求申し出の公告期間」内に、除却費用等が確定しなかった場合には、現時点で確定している「緊急安全対策工事」についてのみ、配当されることになる。

もし、区役所以外にも債権者がいた場合には、そちらの債権者に対して優先的に支払われ、その残余の「残余財産」から回収することになる。

疑問3 「公告期間内に申し出なかった」ことによる、そのような不都合を回避する方法如何。

公告期間内に申し出ることで対応する。

そのためには、相続財産管理人において「公告期間」自体を伸長してもらえるよう、選任された相続財産管理人と協議する方法が考え得るところではあるが、公告期間の伸長を実施することについては、実際上は、困難な感触であった。

もし、申立て後、予納金納付前に、公告期間内に申し出ることが困難となる事情が判明した場合には、その時点で予納金を支払わないことで、一旦、選任申立てを取り下げる方法も考え得る。

ただし、「公告期間内に申し出ることが確実に可能とはいえない」のであれば、早期に、家庭裁判所と相談をしておくべきであろう。

疑問4 予納金は管理人の管理業務費用と報酬などに使われるものだと考えるが、想定以上の価格で土地が売却できた場合について、売却益があった場合には、管理人は多くの報酬をもらえるか。又は国庫帰属や債権者の予納金の返金のいずれかになるのか。

民法953条、民法29条により、家庭裁判所は、「相続財産の中から、相当な報酬を管理人に与えることができる」。

　予納金は、相続財産管理費用（相続財産管理人の報酬、登記費用・官報公告費用その他の事務費）を担保するために納入するものであるため、「相続財産」額＞相続財産管理費用であれば、予納金は全額返還される。相続財産額が相続財産管理費用に足りない場合には、足りない分が、予納金から支出され、その部分は返ってこない。

　※ここで、相続財産管理人の「報酬額」の決定方法は、管理財産の種類、管理期間、事案の難易度、訴訟等の有無、管理人の職業等によって、報酬額が増減する、とされている（片岡武ほか「家庭裁判所における成年後見・財産管理の実務」日本加除出版、平成29年、416頁）。

　なお、相続財産管理費用の財源が確保された場合には、管理終了前の段階で、事案に応じて、予納金を還付しているのが実務の扱いのようである（片岡武・前掲書332頁）。

疑問5　売却のために追加で調査費用を支払った場合などは、それも手続き費用として回収できるのか。

　相続財産の管理は相続財産管理人の業務となるため、区が、費用を負担することは考えにくい。ただし、相続財産管理業務のために費用が必要であり、当初納めた予納金では足りないという場合には、予納金の支払を求められる可能性はあり得る。

　この場合にも、前述のとおり、相続財産管理費用よりも相続財産が多ければ、全額が還付される。

疑問6　相続財産管理人は、空家特措法第3条の管理者に該当すると思われるが、財産的価値のない動産について廃棄をすることができるか。

廃棄することはできる。財産的価値のない動産は、廃棄をするのが原則であり、財産的価値のない動産の廃棄には、家庭裁判所の権限外行為許可の審判は不要であるとするのが実務の取扱いの模様である（片岡武・前掲書358頁）。

7　立入調査

(1)　現地調査の実施

立入調査は、複数回行った。

まずは特定空家等の認定のための調査である。立入調査の前には、所有者が確知できない状況であったため、念のため現地の侵入者防止用仮囲いに立入調査を行う旨の通知文書を掲示し、時間を空けて調査を行った。

建物傾斜測定や残置物の種類や状況、臭気等の実態等を確認した。

更に、申立書の添付書類のため臭気や残置物の腐敗状況の劣悪な環境を正確かつ客観的に伝達するために、職員が防護服や防護メガネ、防護手袋等完全防備で立入調査を行う様や、残置物の中から出てきた体長約15cm のムカデ、雨水と生ごみ、衣類等が混ざり腐敗している状況、窓ガラスが散乱し足元が危ない状況など、現地の状況を典型的に示すシーンのセレクトを行い、写真撮影を実施した。

調査は一日のみでは終了せず、周辺住民にとって特に劣悪な状況となる、雨の降った翌日の状況などについても調査を実施して、周辺住民が受忍を強いられている状況をあますことなく記録したことも工夫の一つである。

(2) 調査のポイント

ア　安全な調査

調査にあたっては、調査する者の安全をまず第一に考える必要がある。

建物の傾斜が著しい場合には、その傾斜方向等を勘案し、不必要に倒壊方向で記録をとるなどは避けた方が良い。また、残置物の量が多い場合にはそれが支えになり、地震等に耐えてきた経過なども考えられるため、調査において残置物を掘り返したり、移動させたりすることは危険な場合もある。

イ　建物調査

建物に関する危険性の判断においては、建物の傾斜状況（2方向）に加え、サッシの外れ（窓ガラスの破損状況）や屋根材の落下状況も同時に確認した。

そのほか、隣接建物や附属工作物（塀、フェンス等）の位置、対象建物との距離なども確認しておくと良い。

ウ　堆積物調査

できるだけ多くの写真を撮影する。所有者が死亡している場合などにおいては、過去に対応してきた記録や写真等を参考に、残置物の増加量やその種類等を確認することで所有者自身によるものなのか、不法投棄等によるものなのかの判断要素にもなり得る。

また、郵便ポストの位置などは過去の建物図面や写真等から推察し、おお

よその位置を推測しておくと良い。後に未知の財産の所在を捜索する際に極めて有用な情報となる、お金の動きを示唆する資料（株主配当通知、金融機関からの何らかの連絡、地方自治体からの課税通知、光熱費・通信費等の請求書等。どのような情報であっても、未知の財産の所在を推測する端緒となり得る。）が発見される可能性があるためである。

　長年にわたり蓄積されると残置物の奥に何があるかが不明になるため、過去の対応記録などには全て目を通すことで新たな手掛かりが見つかることになる。

エ　周辺状況の調査

　建築部門で調査する際は、建物や敷地調査等は当然に行われるが、敷地周辺の状況の確認はもれなく行うと良い。

堆積物調査

周辺状況

模型による検討

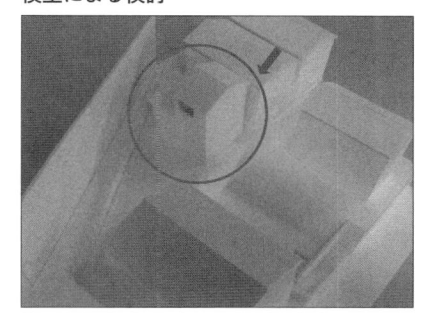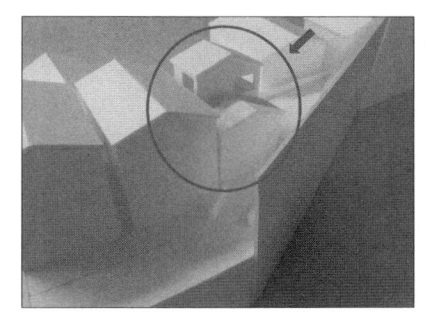

　道路の幅員や敷地の高低差などは、行政代執行に進んだ場合の工事施工計画作成において重要なポイントにもなる。そのほかにも学校や公園等が近い場合に、対象地に子どもが入る危険性の予測・対処等も検討できる。

　敷地内のみの立入調査だけでなく、隣接敷地を含めた一定の周辺環境も確認しておくことで、今後の対応を決断する重要な情報になる点を念頭に調査を進めることが望ましい。

オ　模型による検討

　調査により現地の状況を把握してから、現地の模型を作成し行政代執行実施に伴う解体工事方法や工事車両の搬出入等の課題対応の検討を行った。

8　予算の確保

---

(1)　確保する上での課題

　今回の必要な予算総額は2,000万円を超えており高額である。想定されている売却価格からも全額の費用回収には、課題がある。

　また、工事業者選定方法については、手間のかかる行政代執行の仕事を請負う業者がいるかどうかの不安があった。

予算も、当然当初予算があるわけでもなく、第3回定例議会に補正予算を取得すべく、関係部署等との調整や準備をしていく必要があった。

(2) 議会への説明

当区の行政運営の最高方針および、重要施策等を審議策定するとともに、区各機関相互の総合調整を行う政策経営会議である庁議報告を行った。

また、行政代執行は、当区でも初の試みでもあり、補正予算の金額の提示だけではなく、都市建設委員会に「空家等対策の推進に関する特別措置法に基づく行政代執行について」として、平成28年9月28日に報告を行った（図表10）。

9 　関係部門との協議

---

(1) 営繕部門

平成28年9月

建築指導課で予算を取得していくが、実際に工事図面や仕様書を作成し、工事が始まったら、監督員として工事監理を行う営繕部門と打合せを開始した。

- ・入札（金額設定）
- ・契約や工事のスケジュール
- ・契約の方法

（議決を要する工事の場合における本契約前の仮契約について本件にも適用できるか契約部門と打合せが必要）

平成28年10月中旬

- ・執行委任の方法確認
- ・工事施工依頼書の作成

図表10　議会資料

平成 28 年 9 月 28 日
都市整備部建築指導課

空家等対策の推進に関する特別措置法に基づく行政代執行について

1　経緯・概要

　区内にある本件の対象空き家は、建築物の老朽化に伴う倒壊のおそれがあるとともに、残置物による悪臭や害虫の発生等により、周辺住民の生活環境に深刻な悪影響を与えてきた。これまでも様々な部署が連携し、発生事象に対する対応や所有者自身に対する支援を行ってきたが、所有者本人への対応手段が確立されておらず、根本的な解決には至ることができなかった。

　しかし、平成 27 年 5 月 26 日に完全施行された「空家等対策の推進に関する特別措置法（平成二十六年十一月二十七日法律第百二十七号）（以下、空家特措法）」により、周辺環境へ悪影響を及ぼす空き家に対する措置を行うことが可能となった。本事案は、著しく保安上危険であり、衛生上有害となるおそれや生活環境の保全を図るために放置することが不適切である状態として、空家特措法による行政代執行を実施する予定である。

2　対象物件情報

（1）木造 2 階建て住宅（昭和 33 年建築）

　　　敷地面積：171.23 ㎡

　　　床面積　：1 階　28.62 ㎡　2 階　12.39 ㎡（延べ面積　41.01 ㎡）

（2）残置物総量　約 430 ㎡（約 130t）

3　措置理由

（1）所有者の死亡後、法定相続人も相続放棄または死亡をしており、必要な措置を行う義務者が存在しないため、区が空家特措法に基づく措置を行う必要がある。

（2）建築物の四隅について最大 20%（約 11 度）の傾斜が存在し、外壁の破損、瓦の落下が確認されており、倒壊の可能性が高い。また、敷地内残置物への放火による出火や周辺への延焼が危惧され、かかる事故の発生を未然に防止する必要がある。

4　措置内容および経費　（9 月補正予算）

　本事案における措置内容は、建築物の全部除却（基礎を含む）および敷地内残置物の処分である。必要な経費は下記のとおりである。

（1）建築物解体等工事　　　　　　　　　19,800 千円

　　（内訳）建築物解体　約 4,510 千円　残置物処理（建築物残材等及び一般廃棄物のうち不燃物処理、可燃物の分別）　　約 6,770 千円

　　　　　　外構解体等　約 2,950 千円　共通費等　約 5,570 千円

（2）残置物処理（一般廃棄物収集運搬・処理）　2,000 千円　※区雇上契約による。

（3）相続財産管理人申立て概算費用　　　4,004 千円

　　　　　　　　　　老朽建築物対策事業経費　計　25,804 千円

5 措置経費の回収

　措置経費については、請求する相手方（義務者）が存在するときは、国税滞納処分の例により徴収することになるが、本件は所有者の死亡後、法定相続人も相続放棄または死亡しているため、民法に基づく相続財産管理人制度を利用する。

　具体的には、区が利害管理人として家庭裁判所へ相続財産管理人選任の申立てを行い、選任された相続財産管理人が家庭裁判所の許可を受け、相続財産の処分（土地の売却等）した際の費用にて弁済を受ける予定である。（平成 28 年 7 月 19 日付家庭裁判所へ相続財産管理人申立て済みである。）

（参考）

◆相続財産管理人制度とは

　相続人のあることが明らかでないとき（存在しない場合を含む）に、利害関係人または検察官が家庭裁判所へ申立てを行い、選任された法定代理人が相続財産の管理、清算等を行うと共に、相続人捜索や特別縁故者への財産分与、残余財産の国庫帰属を行う制度である。（民法 951〜959 条）

---

6 スケジュール

【これまで】

平成２８年	３月	侵入者防止用仮囲い設置工事を実施
	７月	家庭裁判所へ相続財産管理人選任の申立て
	８月	空家特措法第 2 条 2 項に基づく特定空家等の指定[※1]

【今後】

平成２８年１１月		町会・近隣住民説明
	１２月	空家特措法に基づく命令等
		（※「（仮称）板橋区老朽建築物等対策条例」の制定）
平成２９年	１月	空家特措法に基づく行政代執行開始
	２月	代執行完了
	３月〜	費用回収手続き（相続財産管理人への弁済請求等）

※1　学識経験者等で構成される「板橋区老朽建築物等対策協議会」および庁内の「板橋区老朽建築物等対策検討会議」への意見聴取により、平成 28 年 8 月に区が特定指定を行った。

・起工図面の確認（図表11）

・図面上の留意事項、特記仕様の文言修正、追加など

(2)　清掃部門

平成28年5月　打合せ

　清掃部門と打合せを行い、一般廃棄物、産業廃棄物の分別や処理について
アドバイスをもらう。一般廃棄物については、区の清掃車による回収は可能
である。また粗大ごみ取扱いなどは、清掃事務所に相談をした。

(3)　契約部門

平成28年6月　打合せ

・契約方法についての確認

　本件は、相続財産管理制度を活用していくため、指導等の措置を相続財産
管理人に対して行っていくことを想定していたので、相続財産管理人との協
議によっては、工事期間が変わってしまう恐れがあった。そのため、契約日
は、一週間程度幅をもたせる条件をつけることになった。

　また本件は行政代執行という特殊な事例であったが、一般競争入札によっ
て工事業者選定が必要になることを確認した。

(4)　警察署

平成28年11月　打合せ

　今回の行政代執行を行うことで、行政代執行開始当日に想定されること
や、代執行の完了までに確認すべき事項について打合せを行った。

・警察への派遣要請の依頼方法は、日程が確定したら依頼文を提出する。

　⇒代執行開始の1ヵ月前までに提出する。

・工事業者への使用許可などもあるので、交通係へ相談に行く。

・警察では現地確認をして、交通整理関係を検討するとのこと。

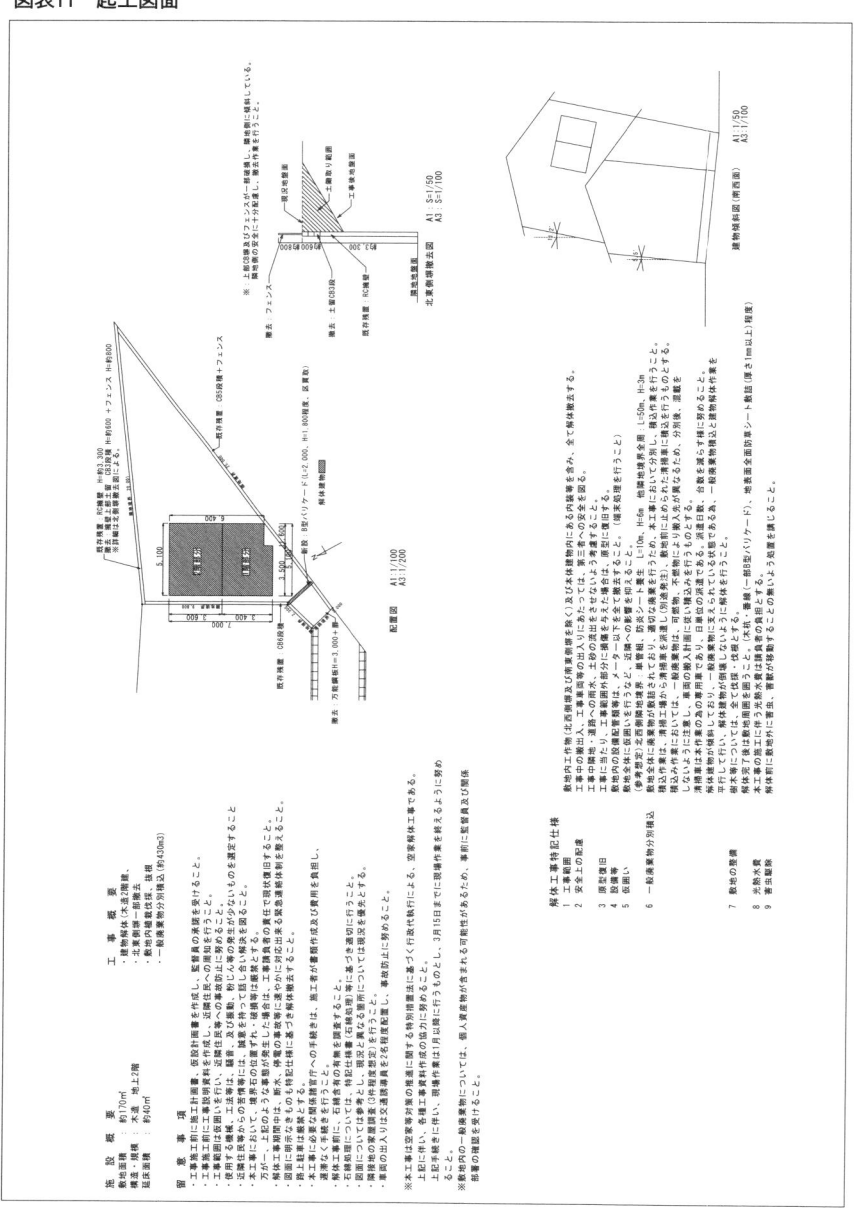

図表11　起工図面

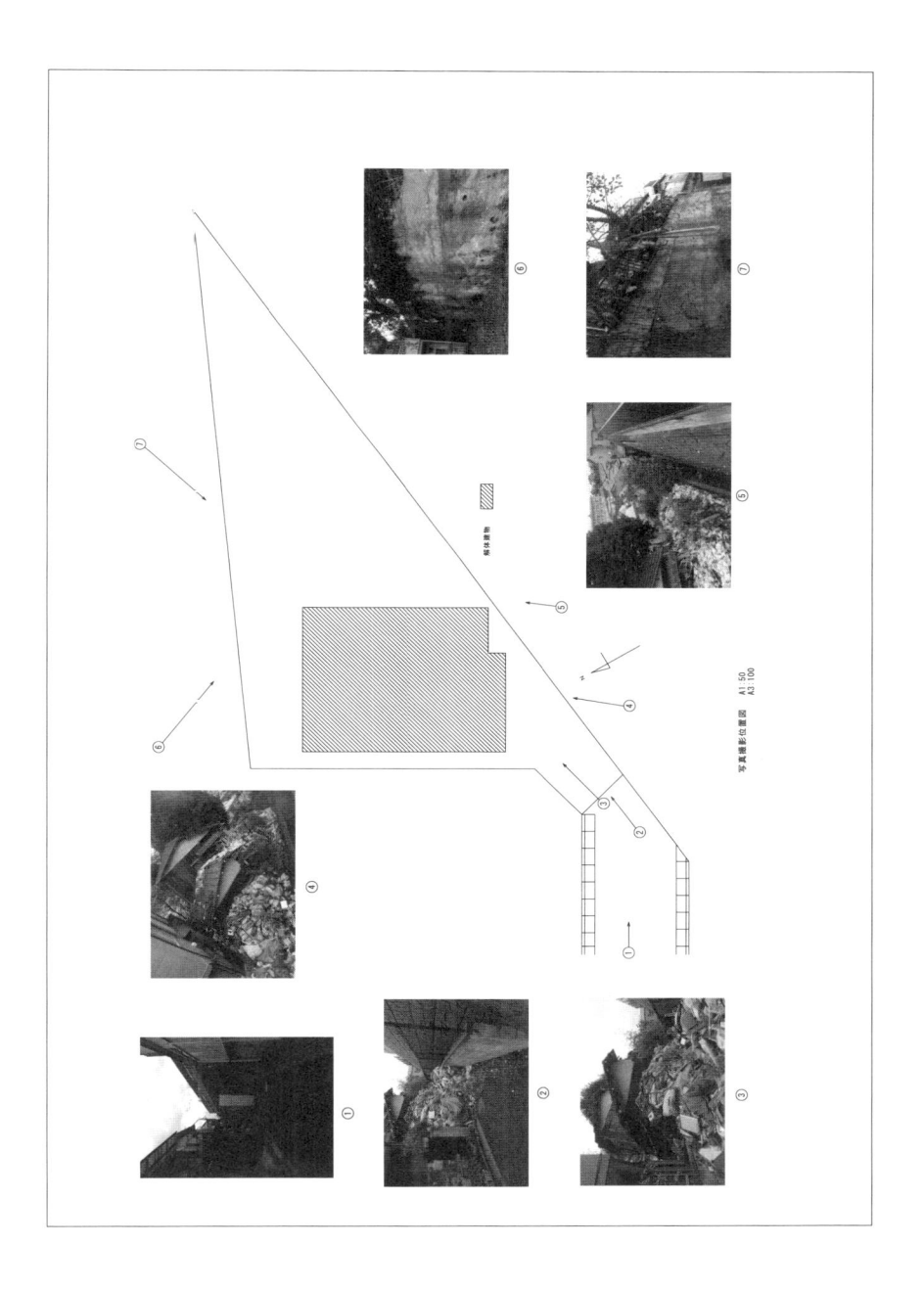

(5) 報道対応 (広聴部門)

平成28年10月　打合せ

代執行の内容およびスケジュールの説明を行いながら、事前に調査した他自治体の代執行に関するプレス発表事例について検証した。

その結果、ある自治体の対応方法が分かりやすく、当区の事例にも似た部分が多かったので、その自治体に近い形式で準備を進めていくこととなった。その他にも、当区における行政代執行の実績がないのか、調査を依頼したが、過去の記録では行政代執行を行ったものはなかった。総務部門や公文書館にも調査したが、行政代執行の事例は出てこなかった。

平成28年12月　打合せ

・取材する場所の確保
・現地は、行き止まり道路の奥にあり、工事車両や工事機材等を含めかなり狭い部分での作業となるため、報道機関の方等の取材場所の確保が限られている。
・現場近くに区有地がないため、民有地の活用を検討し、隣接する使われていない民有地の借用交渉を行った。
・報道機関等用の駐車場についても、調査を行った。
・平成29年1月10日庁議⇒1月11日、12日議会速報⇒1月13日報道発表

平成29年1月13日　報道機関への連絡

9時に報道機関に対して報道発表を行った。当日は報道機関6社が現地に来た。報道機関への対応については、広聴部門と共に対応を行った。

10　特定空家等の認定から空家特措法の命令

相続財産管理人の選任から空家特措法の手続き

空家特措法に基づく手続きを相続財産管理人に対して行うということにし

ているため、申立理由書に区が考えている方針を記載した。また、相続財産
管理人選任後は管理人と区の方針等について十分に打ち合わせを行い調整し
た。行政代執行を年度内に完了する日程のため全体のスケジュールを考慮し
履行期限を決定した。もし、相続財産管理人が区の方針に賛同してもらえな
かった場合は、今回のようなスケジュールで進めることは困難だったかもし
れない。

特定空家等に認定するまでの検討過程や相続財産管理人に対して行った空
家特措法の手続きは下記の表のようになる。

年 月 日	内 容
平成28年 5 月25日	板橋区老朽建築物等対策検討会議にて検討
平成28年 6 月24日	板橋区老朽建築物等対策協議会にて意見聴取
平成28年 7 月20日	東京家庭裁判所へ相続財産管理人の選任申立書　発送
平成28年 7 月29日	板橋区老朽建築物等対策検討会議にて検討
平成28年 8 月31日	特定空家等に認定
平成28年10月31日	相続財産管理人の選任審判　受領
平成28年11月 4 日	板橋区老朽建築物等対策検討会議にて検討
平成28年11月21日	相続財産管理人に対し指導書の通知
平成28年11月25日	相続財産管理人に対し勧告書の通知
平成28年11月29日	相続財産管理人に対し命令に係る事前通知書通知（履行期限12月 5 日）
平成28年12月 6 日	相続財産管理人に対し命令書の通知（履行期限12月12日）

本件建物は、平成28年 8 月に特定空家等に認定した。認定した理由として
は、本件建物は昭和33年に築造された木造瓦葺き 2 階建て住宅であり、老朽
化に伴い建物が最大で20％（約11度）の傾斜が存在しているととともに、外
壁の破損、瓦の落下等が確認されている状態である。

また、本件建物およびその敷地には大量の残置物が放置されていた。外観
上は 1 階部分に山積した残置物が 2 階建て部分を辛うじて支えているように

見える状況であった。そのため、建物倒壊の可能性や放火による出火、周囲への延焼の可能性が考えられた。

さらに、堆積した残置物は腐敗が進行し周辺に対し恒常的に悪臭を漂わせており、他にも敷地内に雨水等が溜まる部分も存在し、蝿、蚊などの害虫も大量発生していたことから周辺へ悪影響を与えている状況であった。平成7年頃から区に陳情があり解決に長い期間を要している状況の中、平成27年に所有者が死亡し法定相続人全員が相続放棄していることで、所有者の居ない空き家となり建物が今後放置されるような状況となっていた。

認定までの過程として、平成28年5月25日に庁内の関係部署で構成する板橋老朽建築物等対策検討会議で現在の状況や今後の方針等についての検討を行った。同年6月24日に外部有識者等で構成する板橋区老朽建築物等対策協議会で特定空家等の認定についての意見聴取を行った。同年7月29日の板橋老朽建築物等対策検討会議で認定について再度検討を行い特定空家等に認定することを決定した。

平成28年7月に管理人の選任申立てを行い同年10月に選任審判がされるが、当初予算では行政代執行や財産管理制度に係る費用は確保していなかったため、9月の補正予算が確定してから予納金を入金し管理人が選任された。

管理人が選任されてからは、行政代執行までのスケジュールについて打合せを行い、区が想定したスケジュールに沿って空家特措法の手続きを進めた。

措置命令の内容は、①当該特定空家等は建築物の傾斜が著しく、また外壁の剥離や瓦の落下等そのまま放置すれば倒壊等著しく保安上となるおそれのある状態。②敷地内に大量に堆積した残置物により臭気や害虫が発生し、そのまま放置すれば著しく衛生上有害となるおそれのある状態かつ周辺の生活環境の保全を図るために放置することが不適切な状態。であることを理由として当該特定空家等における建築物の全部除却および敷地内残置物の全部撤去を求めた（図表12）。

図表12　参考（命令書）

○○○○○○○○○○○

平成28年12月6日

亡○○　○　相続財産管理人
○○　○○　様

東京都板橋区長

○　　○　　○

命　令　書

　貴方の管理する下記空家等は、空家等対策の推進に関する特別措置法（平成
26年法律第127号。以下「法」という。）第2条第2項に定める「特定空家等」
に該当すると認められたため、平成28年11月29日付け○○○○○○○○○○
○により法第14条第3項の規定に基づく命令を行う旨事前の通知をしましたが、
現在に至っても通知した措置がなされていないとともに、当該通知に示した意
見書等の提出期限までに意見書等の提出がなされませんでした。
　ついては、下記のとおり措置をとることを命令します。

記

1　対象となる特定空家等
　所在地　板橋区○○○○○○（地番○○○○）
　用途　　専用住宅
　管理者の住所及び氏名　○○○○○○○○○○○
　　　　　　　　　　　　○○　○○

2　措置の内容
　当該特定空家等における建築物の全部除却および敷地内残置物の全部撤去

3　命ずるに至った事由
　①当該特定空家等は建築物の傾斜が著しく、また外壁の剥離や瓦の落下等そ
　　のまま放置すれば倒壊等著しく保安上危険となるおそれのある状態である。
　②敷地内に大量に堆積した残置物により臭気や害虫が発生し、そのまま放置
　　すれば著しく衛生上有害となるおそれのある状態かつ周辺の生活環境の保
　　全を図るために放置することが不適切な状態である。

4　命令の責任者　板橋区都市整備部建築指導課長　○○　○
　　　　　　　　　連絡先：○○○○○○○○○○

5　措置期限　平成28年12月12日

- 上記 5 の期限までに上記 2 に示す措置を実施した場合は、遅延なく上記 4 に示す者まで報告すること。
- 本命令に違反した場合は、法第 16 条第 1 項の規定に基づき、50 万円以下の過料に処されます。
- 上記 5 の期限までに上記 2 の措置を履行しないとき、履行しても十分でないとき又は履行しても同期限までに完了する見込みがないときは、法第 14 条第 9 項の規定に基づき、当該措置について行政代執行の手続に移行することがあります。
- この処分について不服がある場合は、行政不服審査法（平成 26 年法律第 68 号）第 4 条および第 18 条の規定により、この処分があったことを知った日の翌日から起算して 3 月以内に区長に対し審査請求を行うことができます。

以上

定価 2,420 円（本体 2,200 円＋税 10%）

11　戒告書、代執行令書の通知

行政代執行法の手続きの実施

　引き続き相続財産管理人に対して手続きを行い、行政代執行への準備を進めた。空家特措法の命令の次には、行政代執行法に基づく戒告書、代執行令書の通知を行った（図表13、14）。

年 月 日	内 容
平成28年12月6日	相続財産管理人に対し戒告書の通知（履行期限12月12日）
平成28年12月13日	相続財産管理人に対し代執行令書の通知（時期平成29年1月16日〜3月31日）
平成29年1月17日	行政代執行の実施

　平成28年12月6日に、同年12月12日を履行期限とした命令書と戒告書を同日付で通知している。これは、ガイドラインに「行政代執行法に基づく代執行の手続は戒告に始まるが、戒告は、義務を課す命令とは別の事務として、代執行の戒告であることを明確にして行うべきであると解される。なお、代執行の戒告であることを明確にして行うべきではあるものの、戒告が命令と同時に行われることは必ずしも妨げられるものではないとされている。」と記載がされていることから行政代執行を実施するまでのスケジュールを考慮し同日とした。同年12月13日に平成29年1月16日〜3月31日の期間で行政代執行を実施する旨の代執行令書を通知した。

図表13　戒告書

○○○○○○○○○○

平成２８年１２月６日

亡○○　○　相続財産管理人
○○　○○　様

東京都板橋区長

○　○　○

戒　告　書

　　貴方に対し平成 28 年 12 月 6 日付け○○○○○○○○○により貴方の管理す
る下記特定空家等の除却および敷地内残置物の撤去を行うよう命じました。こ
の命令を平成 28 年 12 月 12 日までに履行しないときは、空家等対策の推進に関
する特別措置法（平成２６年法律第１２７号）第１４条第９項の規定に基づき、
下記特定空家等の全部除却及び敷地内残置物の全部撤去を執行いたしますので、
行政代執行法（昭和２３年法律第４３号）第３項第１項の規定によりその旨戒
告します。
　　なお、代執行に要するすべての費用は、行政代執行法第５条の規定に基づき
貴方から徴収します。また、代執行によりその物件及びその他の資材について
損害が生じても、その責任は負わないことを申し添えます。

記

1　特定空家等
（1）所在地　板橋区○○○○○○
（2）用途　　専用住宅
（3）構造　　木造２階建
（4）規模　　敷地面積　　約１７１㎡
　　　　　　　延床面積　約４１㎡
（5）管理者の住所および氏名　○○○○○○○○○○○○
　　　　　　　　　　　　　　　○○　○○

　　この処分について不服がある場合は、行政不服審査法（平成 26 年法律第 68
号）第 4 条および第 18 条の規定により、この処分があったことを知った日の翌
日から起算して 3 月以内に区長に対し審査請求ができます。

図表14　代執行令書

〇〇〇〇〇〇〇〇〇〇〇

平成28年12月13日

亡〇〇　〇　相続財産管理人
〇〇　〇〇　　様

東京都板橋区長

〇　〇　　〇

代執行令書

　平成28年12月6日付〇〇〇〇〇〇〇〇〇〇〇により貴方の所有する下記特定空家等を平成28年12月12日までに建築物除却および敷地内残置物撤去を行うよう戒告しましたが、指定の期日までに義務が履行されていませんでしたので、空家等推進に関する特別措置法（平成26年法律第127号）第14条第9項の規定に基づき、下記のとおり代執行を行いますので、行政代執行法（昭和23年法律第43号）第3条第2項の規定により通知します。

　また、代執行に要するすべての費用は、行政代執行法第5条の規定に基づき貴方から徴収します。また、代執行によりその物件およびその他の資材について損害が生じても、その責任は負わないことを申し添えます。

記

1　建築物除却および敷地内残置物の撤去
　板橋区〇〇〇〇〇〇
　・木造2階建住宅　延床面積　約41．01㎡（公簿面積）
　・敷地内残置物　約430㎥

2　代執行の時期
　平成29年1月16日（予定）から平成29年3月31日まで

3　執行責任者
　板橋区都市整備部建築指導課長　〇〇　〇

4　代執行に要する費用の概算見積額
　約〇〇〇〇〇〇〇〇〇円

　この処分について不服がある場合は、行政不服審査法（平成26年法律第68号）第4条および第18条の規定により、この処分があったことを知った日の翌日から起算して三月以内に区長に対し審査請求ができます。

第 2 章

行政代執行の実施

1　他自治体の事例研究

　空き家に対する行政代執行を実施した自治体に実施方法等をヒアリングした。また岡山市の行政代執行に関する書籍を参考にした（岡山市行政代執行研究会編「行政代執行の実務」ぎょうせい、2002年）。平成6年に中野区で実施された行政代執行の実施時のビデオテープやその報告書が研修テキストとしてまとまっている資料が残されており、参考とした。

2　実施体制の構築

(1)　建築指導課内での実施体制

　行政代執行を担当したのは建築指導課の監察グループ内の4名（現在、老朽建築物グループ）である。行政代執行実施に向けて建築指導課内で特別な組織体制を設けることなく、監察グループが主体となり関連するグループや課と調整を行った（図表15）。

(2)　行政代執行実施業務概要

【実施本部】〔都市整備部建築指導課内〕
・本部長　　　　　：行政代執行の総括
・本庁庶務班　　　：実施本部と現地本部の連絡調整
　　　　　　　　　　報道機関問合せへの対応
　　　　　　　　　　実施本部の対応記録作成等
【現地本部】〔集会室〕
・総括執行責任者　：行政代執行の現地における指揮総括

図表15　実施体制

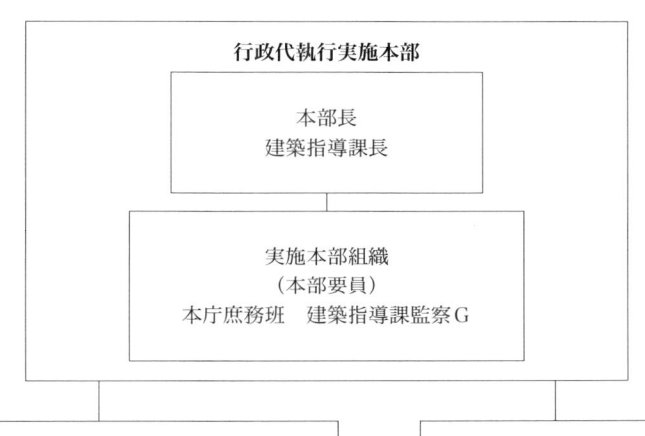

現地本部組織
（総括執行責任者）建築指導課長
（各部執行責任者）関係部署課長

（現地要員）
【庶務担当部】
庶務班　　　　　　　建築指導課
動産保管班　　　　　建築指導課
現場周辺交通整理班　建築指導課
メディア班　　　　　建築指導課、広聴部門
【工事担当部】
解体工事班　　　　　営繕部門
廃棄物担当班　　　　清掃部門

（協力機関）
警察署・消防署

（その他関係機関）
国交省
東京都

・各部執行責任者　：各所管の指揮

【庶務担当部】

〈庶務班〉

・現地本部と実施本部の連絡調整

・行政代執行期間中のビデオ等による全容記録

・用品等の準備　・各班長からの日誌の集計、整理、全容記録

・その他、他の班に属さない事項

〈動産保管班〉

・動産発見時の保管に関する事項　・動産台帳の整備に関する事項

〈現場周辺交通整理班〉

・作業中の一般車両の交通整理　・通行人の安全確保

・報道関係車両等の誘導　・工事影響範囲への関係者以外の立入制限

・警備員の補助

〈メディア班〉

（広聴部門）

・メディア取材受付　・記録撮影

（建築指導課）

・記録撮影（代執行の一連の流れの記録）

【工事担当部】

〈解体工事監督班〉

・工事監理

・その他工事に関する事項

〈廃棄物担当班〉

・分別、積込に関する事項　・処理場との連絡調整に関する事項

・その他廃棄物運搬、処理に関する事項

(3)　行政代執行従事者の一般的注意事項

1　従事期間：平成29年1月17日（火）から平成29年3月30日（木）まで

　　　　　　　（予定）

2　作業時間：（初日）　午前10時から午後 4 時まで

　　　　　　　（期間中）午前10時から午後 5 時まで

3　服　　装：現場要員は原則ヘルメット、作業服、腕章、軍手および安

　　　　　　　全靴を着用（ただし、交通整理班とメディア班は除く）

　　　　　　　請負者は腕章を着用する。

4　集合時間：①初日は午前 8 時に本庁舎地下駐車場を出発し、午前 8 時

　　　　　　　45分までに現地本部に到着する。

　　　　　　　② 2 日目以降は、毎日午前 9 時15分に出発し、午前 9 時50

　　　　　　　分までに現地本部に到着するものとする。

　　　　　　　※移動にあたっては、公用車を使用する。

5　帰　　庁：午後 5 時に作業を終了し、後片付けの後に現地本部から帰

　　　　　　　庁する。

6　交通手段：公用車など

7　駐　車　場：地域センターほか

8　休憩場所：現地本部

9　休憩時間：各班長の指示による。

10　昼　　食：各自調達

11　昼食場所：現地本部

12　ト　イ　レ：近隣の公共施設など

13　その他の注意事項

　①　各班長は、班員の点呼後、当日の作業の予定人員に変更が生じた場

　　合は庶務班長へ報告する。

　②　集合と同時に各班長の指揮により行動することとし、独自の判断で

　　行動しないこと。

　③　各班長は、当日の作業予定に変更の必要が生じた場合は、庶務班長

　　に報告しその指示に従うこと。

　④　作業の状況により班長が指示した場合は、他班の応援を行うことが

ある。

⑤　作業にあたっては、次のことに留意すること。

　　ア　暴力行為等行政代執行に対する妨害行為がなされた場合又はその
　　　おそれがある場合は、執行責任者が折衝を担当する。

　　イ　万一妨害暴力行為があった場合には、班長を通じ庶務班長に報告
　　　しその指示に従うこと。

　　ウ　搬出する動産類は、義務者の財産であるため、破損、盗難には十
　　　分注意すること。

　　エ　原則、現場敷地内へは庶務班長の指示なく立ち入らないこと。

　　オ　病気、負傷の場合は、班長に報告しその指示を受けること。

　　カ　作業中は、休憩時間および所定の場所以外では無駄話、喫煙等を
　　　しないこと。

　　キ　その他、非常事態が発生した場合も、班長を通じ庶務班長に報告
　　　しその指示に従うこと。

⑥　従事日当日の朝になって、集合時刻に間に合わない、又は行政代執
　行事務に従事できない事情が発生した場合には、必ずその旨を直ちに
　現地本部庶務班に連絡すること。

　　現地本部　　　　TEL ○○○―○○○

　　庶務班長携帯　TEL ○○○―○○○

⑦　各班長は、当日の作業終了後、現地本部に集合し下記の業務にあた
　る。

　　ア　作業日報を作成し庶務班長へ引き継ぐ。

　　イ　翌日の予定作業内容および人員の確認並びに打合せ。

　　ウ　庶務班長は、作業日報（写）を本庁庶務班長に提出する。

　　エ　本庁庶務班長は、作業日報（写）を添付の上、報告書を作成し区
　　　長に報告する。

　　オ　その他

⑧　動産保管班は、別途庶務班長と随時協議の上、業務にあたるものと

する。

3　執行委任と工事業者の決定

　一般競争入札を経て、工事業者が決定したことで、平成28年12月中旬から工事業者との打合せを開始した。それまでに営繕部門と事前に協議した事項は次のとおりである。

①　清掃車の形状確認

②　清掃車の必要台数と輸送計画

　清掃車の必要台数は全体で40台分（約430m^3＜11m^3×40台＝440m^3）。

　引っ越し時の2tトラックの容積で計算。実積載量が半分以下だとしても1日2～3往復すれば足りる計算。

　輸送計画は1日1～3台で清掃工場へピストン輸送する形式で考えている。

③　ごみの分別の範囲

　家電リサイクル法対象などの分別になる。作業員が間違えのないよう現地に分別表の掲示を考えている。

④　家屋調査の範囲

　近隣3軒を予定している。具体的な場所は検討。

⑤　解体工事実施について近隣への告知方法とタイミング

　執行宣言当日に、宣言後解体工事告知を貼るような形でいいのではないか（図表16）。（近隣挨拶は先行して行う。）

⑥　営繕部門との役割分担

　・一般廃棄物の分別、積込については現時点で作業日数が読めないため、2月末を作業完了として予定。

　・仮設工事は、廃棄物の搬出状況により範囲を決めることとなる。

図表16　空家解体工事お知らせ

平成２９年１月吉日

近隣住民の皆さまへ

○○○○空家解体工事のお知らせ
（工事開始日の決定について）

謹啓

　皆様におかれましては、時下ますます御健勝のこととお慶び申し上げます。平成２８年１２月末にご案内致しました「板橋区○○○○○○における行政代執行にかかる空家の解体工事及び一般廃棄物の撤去」の工事開始日が決まりましたのでお知らせ致します。

工事開始日　平成２９年１月１７日（火）　午前１０時～

　　　※天候等により延期する場合は翌日１８日（水）を予定しております。

　本工事につきましては、事前に報道機関へ情報提供と注意事項を連絡しております。民地への立入制限や近隣住民への配慮の徹底を周知しておりますが、当日にご不便をおかけすることもあると存じます。

　ご理解・ご協力を賜りますよう何卒よろしくお願い申し上げます。

謹白

```
＜連絡先＞
【工事について】
○株式会○○○○○○○（○○○○○○○）
　　担当：○○　　　　　　　電話：○○○○○○
　　　　　　　　　　　　　　携帯電話：○○○○○○○
○板橋区○○○○○○○（板橋区板橋２－６６－１）
　　担当：○○○○○○　　　電話：○○○○○○
【行政代執行について】
○板橋区都市整備部建築指導課（板橋区板橋２－６６－１）
　　担当：監察グループ　　　電話：○○○○○○
```

図表17　作業工程表

種　別	12月 10	20	1月 10	20	2月 10	20	3月 10	20
準備作業	▨							
仮設工事		▨						
一般廃棄物分別、積込			▨▨▨▨▨					
内装解体				▨				
躯体解体					▨			
基礎・外構撤去						▨		
整地・片付け							▨	
検査等								▨

・12月 9 日に工事請負契約を行う。

・年末までに、近隣挨拶。

・一般廃棄物の分別および搬出は 1 ヶ月以上かかる見込み。

⑦　実施直前における報道機関への連絡対応

　広聴部門と事前に協議。広聴部門から各報道機関へ連絡することになる。

⑧　その他

・執行日は 1 月17日を予定している。

・清掃部門と合同で後日打合せをする。

・近隣挨拶は近日中に受注業者が作成し、請負業者、営繕部門、建築指導課で年内には説明に行く予定。

・家屋調査、ねずみ対策は早めに実施。（ねずみ対策として、罠を設置するなどの対策は事前に行うことが重要。執行日 1 週間ほど前には行う。）

4　報道機関への連絡

行政代執行初日向けた対応として、次の内容を報道機関向けに告知した。

「空家等対策の推進に関する特別措置法」に基づく
特定空家等に対する行政代執行の実施について

　板橋区では、平成29年1月17日（火）から「空家等対策の推進に関する特別措置法」に基づく行政代執行を行うことといたしましたので、各報道機関のみなさまにご案内いたします。

　該当物件は、所有者が溜め込んだごみや、建物の老朽化により、平成7年から近隣住民の生活に重大な悪影響を与える状態が続いており、庁内関係部署が連携し指導や説得を行ってきましたが、抜本的な解決には至りませんでした。そして、平成27年に所有者が死亡し、同年に「空家等対策の推進に関する特別措置法（以下「法」という）」が完全施行されたことを受け、庁内検討会議や学識経験者等で構成される協議会での意見聴取などを経て、行政代執行の実施を決定しました。

1　行政代執行の概要
　場所：東京都板橋区○○○○○○○○○○○
　日時：平成29年1月17日（火）10：00開始（報道受付は9：30開始）
　　　　※初日の作業は12：00終了予定です。また、天候等の影響によっては延期する場合があります。
　内容：当該建物の全部除却および敷地内残置物の全部撤去

2　取材について

　近隣住民への迷惑・混乱を避けるため、代執行初日の取材を希望される方は、下記の注意事項を必ずお読みいただき、ご了承いただいたうえで、１月16日（月）17：00までに別紙をお送りください。

　★注意事項★

(1)　代執行初日は、９：30に報道受付開始10：00に代執行宣言を予定しています。

(2)　自社の腕章やスタッフユニフォームを着用するなど、どこの報道機関か分かるようにしてください。

(3)　代執行初日は、報道機関のスペースを指定させていただきますので、そちらで撮影を行ってください。

(4)　民有地には許可なく立ち入らないでください。

(5)　該当物件は住宅街の行き止まり道路の奥に位置し、周辺道路も狭いため、近隣住民や通行人、通学児童等の迷惑とならないようお願いします。

(6)　車で来られる場合には、近隣のコインパーキング等を利用いただき、路上駐車は行わないでください。

(7)　その他、代執行の妨げになるような行為は行わず、当日は区職員の指示に従ってください。

(8)　代執行初日以外の現地取材については、必ず下記連絡先へ一度ご連絡をお願いします。なお、現地取材の際は、近隣住民への迷惑とならないよう配慮をお願いします。

(9)　報道受付場所は、ご協力により代執行初日（13：00まで）限りで民有地をお借りしておりますので、初日以外の立入は一切禁止します。

3　問い合わせ

　板橋区都市整備部建築指導課長　　　○○　　連絡先　○○○○○○○

【概要】

場　　　所	東京都板橋区○○○○○○○○○○○○	
物件情報	用途：専用住宅 登記上の建築年：昭和33年 登記上の延床面積：約41m²	構造・規模：木造2階建て 登記上の敷地面積：約171m²
経　　　過	平成7年～	地域住民の陳情を受け、庁内関係部署が連携して所有者へ指導等を実施。所有者への説得および警察の協力により、敷地外にはみだしたごみの一部撤去を実施。
	平成27年5月	空家等対策の推進に関する特別措置法（以下「法」という）が完全施行
	平成28年3月	板橋区老朽建築物等対策計画2025策定（都内初）
	平成28年3月	侵入者防止用仮囲い設置工事を実施
	平成28年7月	家庭裁判所へ相続財産管理人選任の申立てを実施
	平成28年8月	特定空家等の認定
	平成28年10月	相続財産管理人の選任審判
	平成28年11月～12月	法第14条に基づく指導・勧告・命令等の実施
	平成29年1月17日	法第14条第9項に基づく行政代執行の実施（予定）
執行計画	平成29年3月30日	行政代執行の完了（予定）
	平成29年4月～	代執行費用等の回収手続きの実施

5　行政代執行の開始、実施中

行政代執行初日から建物除却まで

　平成29年1月17日10時に本部長である建築指導課長による代執行宣言の読

み上げを行ってから「現地本部・庶務担当部庶務班作業マニュアル」に従い行政代執行が開始された（図表18）。委託業者による侵入者防止用仮囲い撤去後に残置物の分別、積み込みが行われた。当日までに準備した清掃部門の車両に積み込みを行った。

　残置物の分別については、事前に相続財産管理人と打ち合わせを行い処分の対象となる物、保管する必要がある物について確認を行った。また、現地の委託業者の作業効率を考えて保管が必要となるような物については写真付きの一覧表を作成した。

　行政代執行期間中に近隣等からの問合せ等は特になかった。

図表18　代執行宣言等読み上げ原稿

代 執 行 宣 言

ただ今から、板橋区は○○○○○の特定空家等に対し、空家等対策の推進に関する特別措置法に基づく行政代執行を実施し、当該建物の全部除却および敷地内残置物の全部撤去の工事に着手します。

平成29年 1 月17日
執行責任者　板橋区建築指導課長　○○　○

それでは作業を開始してください。

代執行の状況

6　現地本部・庶務担当 作業マニュアル（抜粋）

(1)　業務内容

〈現地本部の庶務〉

①　行政代執行宣言の補助

　　行政代執行の実行は、執行責任者の行政代執行開始の宣言により始まり、その終了の宣言により終わる。この場合に、庶務班は、行政代執行の開始および終了の宣言の時期を執行責任者へ助言する。

　　また、天候等その他の条件により行政代執行を実施するかどうかの判断を必要とするときは、実施本部と十分協議の上、最終的には実施本部の判断によるものとする。

②　行政代執行実施状況のビデオ記録

　　ア　各班の行う記録とは別に、行政代執行全体の実施状況がわかるようにビデオ撮影により適宜記録する。

　　イ　また、突発的な事故等が発生した場合についても同様とする。

③　廃棄物運搬および解体工事の進行管理

　　行政代執行作業が予定通り進んでいるかどうかをチェックし、翌日の作業計画を確認するために、各班の報告に基づき工程会議を開催する。

④　実施本部、各班および関係機関との連絡調整

　　ア　実施本部との連絡調整

　　　(ア)　実施本部に報告等を行い、必要な指示を受ける。

　　　(イ)　情報を受け、これらを執行責任者に報告する。

　　　　実施本部への主な報告事項は、次のとおりである。

　　　　a　行政代執行の実施状況

　　　　b　事故が発生した場合は、その状況、原因、現地での対応および結果

　　　　c　現地での対応に苦慮する事態が生じた場合は、苦慮している事
　　　　　項、その理由および現地本部の考え方
　　イ　各班との連絡調整
　　執行責任者の判断に委ねるとともに、各班の作業が円滑に推進できる
　よう連絡調整を行う。各班の連絡先は、電話番号（FAX）一覧表のと
　おりである。
　　ウ　関係機関との連絡調整
　　執行責任者、各班長と連携の上、関係機関との連絡調整を行う。関係
　機関の担当者および連絡先は、電話番号（FAX）一覧表のとおりであ
　る。
⑤　現地本部事務所の管理
　　ア　現地本部事務所の事務、職員の待機、休憩および機材器具の保管場
　　　所として使用する現地本部事務所の施錠、清掃等の管理を行う。
　　イ　現地本部事務所の位置は、別紙（略）のとおりである（施行業者現
　　　場事務所と兼用）
⑥　機材器具の管理
　　ア　行政代執行に必要な主な事務用品および機材器具は、現地本部事務
　　　所で一括管理する。
　　イ　ビデオカメラ、カメラ、携帯電話等については、日々その数を確認
　　　し、紛失しないよう留意しなければならない。
　　ウ　機材等に故障が生じた場合には、速やかに代用品を手配すること。
⑦　負傷者等の救護、応急措置
　　行政代執行期間中、万一負傷者等が発生した場合は、庶務班において傷
　の消毒程度の応急措置を行い、必要に応じて救急車の出動を要請する。
⑧　行政代執行記録の作成（作業日報・写真等）
　　ア　各班の作成した記録の保管
　　イ　現地本部で作成した文書の整理および保管
⑨　法的な対応

　予測される法的な問題については、事前に協議済みであるが、新たに法的に疑義のある問題が生じたときは、原則として実施本部に照会しその指示を待つものとする。

⑩　報道機関への対応

　報道機関の現地取材については、執行責任者が窓口となり対応するものとし、その他の職員は対応しない。報道機関への情報提供は、行政代執行令送達後すでに行っており、基本的には現地で改めて行う必要はない。

　ただし、義務者の妨害等により実施が遅延する等予想外の状況となった場合は、適宜報道機関に説明する必要がある。その際は、実施本部と協議の上、適切に取材に応じ正確な報道がなされるよう努めることとする。なお、報道機関には事前に以下の注意点を説明済みであり、遵守しない報道機関には改めて注意するものとする。

　ア　社名入り腕章をする等、身分を明確にすること。

　イ　行政代執行区域内には立ち入らないこと。

　ウ　撮影等のために隣接する民有地に立入らないこと。

　エ　自動車は路上駐車はしないこと。なお、別途駐車場は設けない。

　オ　行政代執行の妨げとなるような行為はしないこと。

　カ　その他、執行責任者の指示に従うこと。

⑪　周辺住民からの苦情等の対応

　騒音、交通問題等で周辺の住民から苦情等があったときは、執行責任者に報告の上、現場周辺交通整理班、関係機関等と連携し、迅速かつ的確に対応する。

⑫　その他、他の班に属さない事項

(2)　班構成

班長 1 名、副班長 1 名、班員 2 名　※工事着手後は交替制

(3) 班長、副班長の役割

〈執行現場〉

① 行政代執行宣言等の補助
② 行政代執行実施状況のビデオ記録の補助
③ 報道機関への対応の補助
④ 周辺住民からの苦情等の対応の補助

〈現地本部の庶務班〉

① 実施本部・各班および関係機関との連絡調整
② 現地本部の管理
③ 機材器具の管理および用品の支給・調達
④ 負傷者等の救護および応急処置
⑤ 各班の報告に基づく工程会議の開催およびそれへの出席
⑥ 行政代執行記録の作成（日報・写真の整理等）
⑦ 各班の日報による実施本部への報告

(4) 業務に必要な用具等

携帯電話、腕章、ハンドマイク、カメラ、ビデオカメラ、テープレコーダー、日報

(5) 行政代執行中の状況

分別について一般廃棄物の分別方法を工事区画入り口に掲示し作業の効率化を図った。

(6) 財産発見時の対応

・判断基準による確認（図表19、20）
・旧保健所（区の公共施設）を保管場所とし、セキュリティのある部屋に財産を持ち込む。

図表19　廃棄物から財産を捜索する際の判断基準

発見したら一時保管するもの

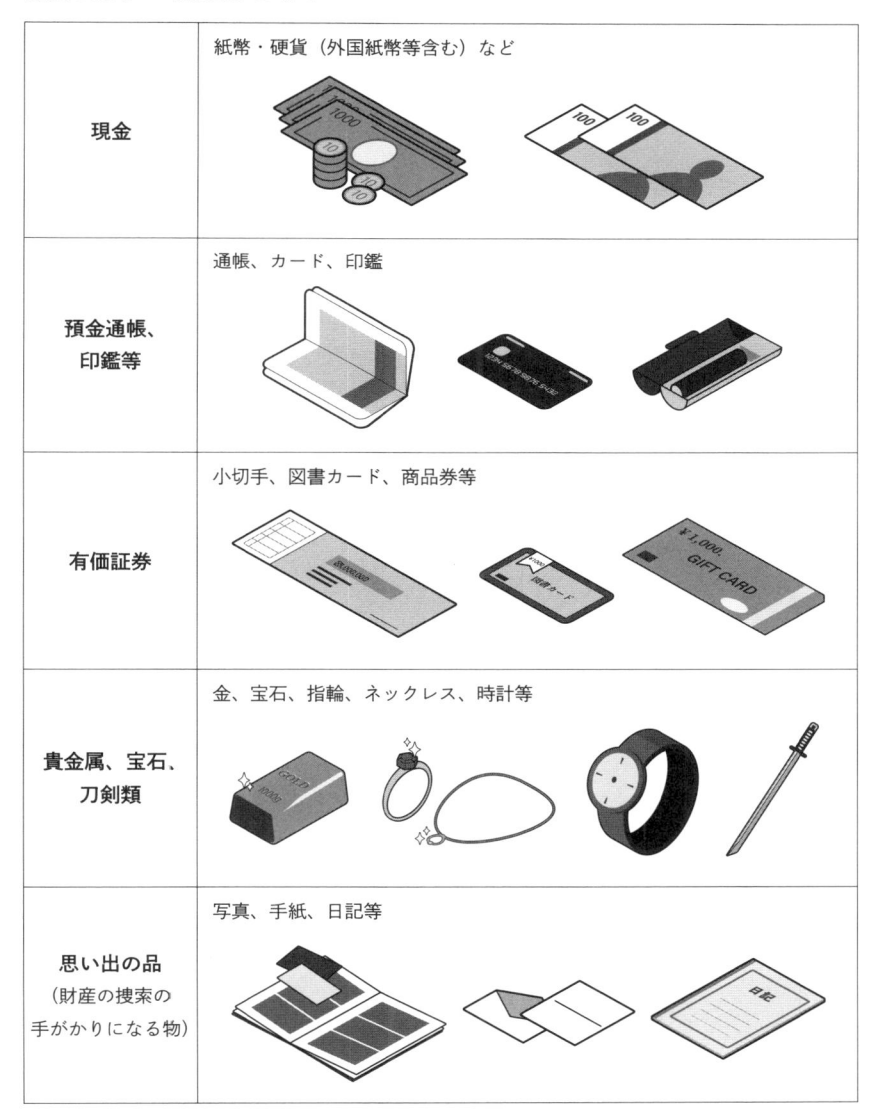

現金	紙幣・硬貨（外国紙幣等含む）など
預金通帳、印鑑等	通帳、カード、印鑑
有価証券	小切手、図書カード、商品券等
貴金属、宝石、刀剣類	金、宝石、指輪、ネックレス、時計等
思い出の品 （財産の捜索の手がかりになる物）	写真、手紙、日記等

図表20　財産が入っていそうな場所

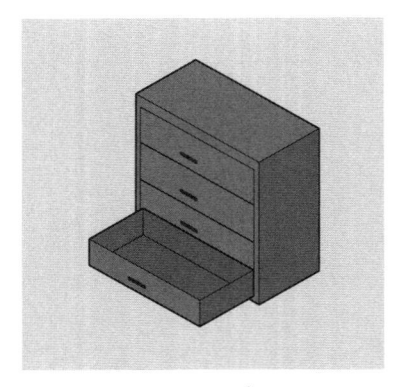

タンスの中

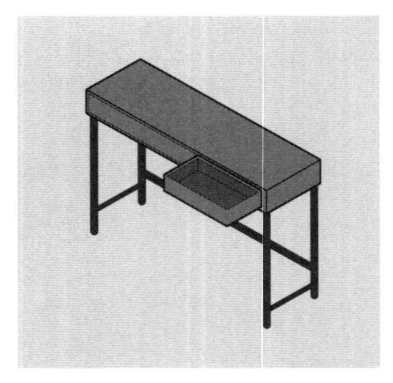

机の引き出し
※施錠部分の切断後、保管場所へ

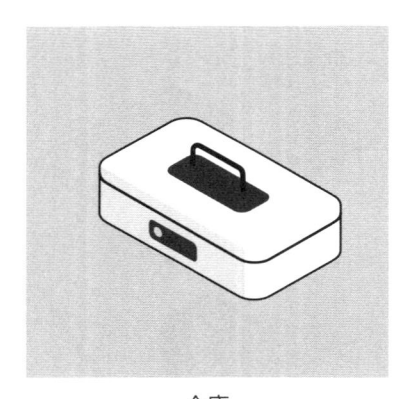

金庫
※原則、開錠せず保管場所へ

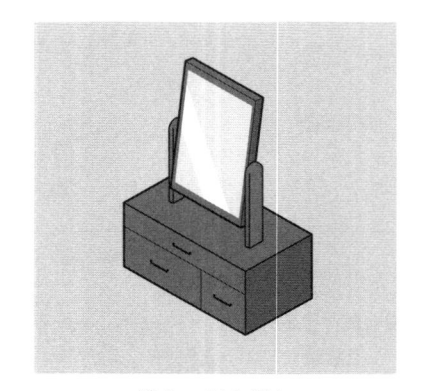

鏡台の引き出し

・施錠された引き出し、金庫などを切断・開錠する場合は、
　複数台のカメラ・ビデオ等による撮影により必ず記録する。
・その他疑義が生じた場合は、区へ連絡をする。

7　行政代執行の終了

建物除却後の状況

　行政代執行は平成29年1月17日から3月30日まで行った。建物除却、残置物撤去後に敷地内に防草用シートを設置し、侵入防止として出入り口部分にバリケードを設置した。

図表21　代執行終了宣言等読み上げ原稿

代執行終了宣言

ただ今をもって、○○○○○の特定空家等における空家等対策の推進に関する特別措置法に基づく行政代執行を終了します。

平成29年3月30日

執行責任者　板橋区建築指導課長　○○　○

代執行の終了

第 3 章

代執行費用請求

1 請求費用の確定

行政代執行費用と緊急安全対策工事費用の確定

　費用請求額を確定するため支出命令書などにより、契約業者へ行政代執行に係る費用が間違いなく支払われたことを確認した。

　今回の債権行政代執行費用と緊急安全対策工事費用は債権の扱いが別になることから、合計額を請求するのではなく、それぞれ費用を請求することとした。

　行政代執行費用については、行政代執行法に国税滞納処分の例により、これを徴収することができるとあるので強制徴収公債権として扱うものになる。一方で、緊急安全対策工事費用については、要綱に基づき実施したため私債権として扱うものになる。

　今回費用の請求については、行政代執行を実施した建築指導課で行うことになったが、費用回収業務の経験、知識がないためどのような手続きを行うのかわからないことばかりでとても苦労をした。今後は費用回収に精通した部門に手続きを執行委任するなどの体制作りが必要だと感じている。

2 納付命令・督促

行政代執行費用と緊急安全対策工事費用の納付・督促方法の確認

　行政代執行終了後、相続財産管理人に対して納付命令書で行政代執行に要した費用の請求を行った。また、同日付け納付通知書で緊急安全対策工事に要した費用を請求した（図表22、23）。

　その後、相続財産管理人から納付期限までに各費用の支払がされなかった

ことから督促状を通知している。

　事前に相続財産管理人に対しては、費用の請求は手続きの上で必要であることを説明し了承してもらった。

代執行費用	
年　月　日	内　　容
平成29年 8 月 9 日	相続財産管理人に対し納付命令書の通知（納付期限 9 月 9 日）
平成29年 9 月28日	相続財産管理人に対し督促状の通知（納付期限10月12日）
緊急安全対策工事費用	
年　月　日	内　　容
平成29年 8 月 9 日	相続財産管理人に対し納付通知書の通知（納付期限 8 月28日）
平成29年 9 月15日	相続財産管理人に対し督促状の通知（納付期限 9 月29日）

　費用回収について、債務超過となる可能性が高かったため、全額の費用回収は困難である場合が想定されていた。相続財産管理人から①配当に同意する。②破産の申立てをする。という選択肢が示されていた。②破産の申立てをした場合は、破産管財人が選任されることになり、相続財産から管財人費用が別途控除される上、破産手続終了までに時間がかかることが想定されるため、①配当に合意をするという方針で進めた。

　行政代執行費用の納付期限の決定に当たっては、国税通則法施行令第 8 条第 1 項にある「当該告知書を発する日の翌日から起算して一月を経過する日」という規定を参考として履行期限を定めた。

　また督促については東京都板橋区分担金等に係る督促及び延滞処分並びに延滞金に関する条例第 2 条第 1 項にある「分担金等を納期限までに納付しない者があるときは、納期限経過後20日以内に板橋区規則で定める督促状を発行して督促する」および第 2 項にある「督促状には、その発行の日から15日以内において納付すべき期限を指定する。」という規定を参考にして期限を定めている。

　緊急安全対策工事費用の納付期限の決定に当たっては、東京都板橋区会計事務規則第28条にある「調定の日から20日以内において適宜の納付期限を定

図表22　代執行費用納付命令書

○　○　○　○　○　○　○

平成 29 年 8 月 9 日

亡○○　○　相続財産管理人
○○　○○　様

東京都板橋区長
○　　○　　○

代執行費用納付命令書

　平成 28 年 12 月 13 日付け○○○○○○○○○で通知しましたとおり、空家等対策の推進に関する特別措置法第 14 条第 9 項及び行政代執行法第 2 条の規定に基づき実施した代執行に係る費用について、下記のとおり請求します。
　また、行政代執行法第 5 条の規定に基づき、平成 29 年 9 月 9 日までに同封の納付書により、当該費用を納付することを命令します。

記

1　代執行の内容
（1）実施年月日　平成 29 年 1 月 17 日から平成 29 年 3 月 30 日まで
（2）実施内容　建築物除却および敷地内残置物の撤去
（3）実施場所　板橋区○○○○○○○（地番○○○○○）

2　代執行費用
　金○○○○○○○円

3　納付義務者
　住所　○○○○○○○○○○○○
　氏名　○○　○○

4　納付期限（納付期限までに納付できない事情があるときは、必ずご連絡下さい。）
　平成 29 年 9 月 9 日

（教示）
　この処分について不服がある場合は、この処分があったことを知った日の翌日から起算して 3 か月以内に、板橋区長に対して審査請求をすることができます。
　また、この処分については、上記の審査請求のほか、この処分があったことを知った日の翌日から起算して 6 か月以内に、板橋区を被告として（訴訟において板橋区を代表する者は板橋区長となります。）、処分の取消しの訴えを提起することができます。
　なお、上記の審査請求をした場合には、処分の取消しの訴えは、その審査請求に対する裁決があったことを知った日の翌日から起算して 6 か月以内に提起することができます。
　ただし、上記の期間が経過する前に、この処分（審査請求をした場合には、その審査請求に対する裁決）があった日の翌日から起算して 1 年を経過した場合は、審査請求をすることや処分の取消しの訴えを提起することができなくなります。
　正当な理由があるときは、上記の期間やこの処分（審査請求をした場合には、その審査請求に対する裁決）があった日の翌日から起算して 1 年を経過した後であっても審査請求をすることや処分の取消しの訴えを提起することが認められる場合があります。

担当
東京都板橋区板橋二丁目 66 番 1 号
板橋区都市整備部建築指導課
老朽建築物グループ　○○○
連絡先：○○○○○○○○○

図表23　緊急安全対策工事費用について

〇 〇 〇 〇 〇 〇 〇
平 成 29 年 8 月 9 日

亡〇〇　〇　相続財産管理人
〇〇　〇〇　様

東京都板橋区長
〇　〇　〇

緊急安全対策工事費用について

　平成 28 年 3 月 30 日に板橋区老朽危険建物等に係る緊急安全対策工事実施要綱（以下「要綱」という。）第 3 条の規定に基づき実施した、〇〇〇〇〇〇〇〇侵入者防止用仮囲い設置工事に係る費用について、下記のとおり請求します。
　また要綱第 4 条の規定に基づき、平成 29 年 8 月 28 日までに同封の納付書により当該費用を納付することを通知します。

記

1　実施の内容
（1）実 施 年 月 日　平成 28 年 3 月 30 日
（2）実 施 内 容　〇〇〇〇〇〇〇侵入者防止用仮囲い設置工事
（3）実 施 場 所　板橋区〇〇〇〇〇〇（地番〇〇〇〇）

2　工事費用
　金〇〇〇〇〇円

3　納付義務者
　住所　〇〇〇〇〇〇〇〇〇〇
　氏名　〇〇　〇〇

3　納付期限（納付期限までに納付できない事情があるときは、必ずご連絡下さい。）
　平成 29 年 8 月 28 日

担当
東京都板橋区板橋二丁目 66 番 1 号
板橋区都市整備部建築指導課
老朽建築物グループ　〇〇
連絡先：〇〇〇〇〇〇〇〇〇

めるものとする。」との規定を参考にしている。また、督促については、東京都板橋区債権管理条例施行規則第3条1項にある「納付期限経過後20日以内に発するのもとする」および第2項の「前項の督促に指定すべき期限は、その発した日から15日以内において定めるものとする」という規定を参考として期限を定めている。

3　事後の事務処理

(1)　費用回収時の事務処理

　行政代執行費用は強制徴収公債権となり、議会での議決が必要な債権となる。一方で侵入防止は私債権となり、板橋区の債権管理条例に基づいた手続きとなるところであるが、今回は行政代執行の一連の流れとなるため、私債権についても議会での議決を得ることとした。

　事務の流れとしては、相続財産管理人から配当に関する提案書を受領する。今回は支払いをした費用に対して全額が配当される訳ではないので、債権を放棄するということで地方自治法第96条に基づき議会での議決を得る必要があった。また庁内への説明や庁議報告も行う必要があった。

　債権の放棄の議決が得られた段階で相続財財産管理人からの配当額に同意ができるようになる。なお、板橋区では議会に諮る前に、区長、副区長等で構成されている条例案等審議会で審議する必要がある。

　今回の債権額は、行政代執行費用に緊急安全対策工事費用を併せた約2,100万円であったが、債務超過により全額弁済は困難であることから約1,600万円の配当を受けることで同意することになり、回収することができない約500万円は、債権を放棄することを議案として提出した（図表24）。

年　月　日	内　　容
平成30年12月10日	相続財産管理人からの配当に関する提案書を受領
平成30年 1 月18日	条例案等審議会
平成30年 1 月21日	庁議連絡事項
平成30年 2 月19日	都市建設委員会
平成30年 3 月二日	本会議にて議決
平成30年 3 月18日	配当弁済に同意することを決定。相続財産管理人に同意書を通知
平成31年 3 月20日	管理人からの債権者全員が同意した旨の書面を受領
平成31年 3 月25日	不納欠損手続及び納付書作成
平成31年 3 月27日	相続財産管理人に納付書を通知
平成31年 4 月 8 日	納付されたことを確認
令和元年12月予定	国庫帰属完了
令和 2 年 1 月以降	予納金の還付

(2)　議決後の処理

　議決後の流れとして、配当額に同意するという意思決定をするために、区長までの決裁を行った。決裁後、相続財産管理人に同意書を提出した。

　その後、相続財産管理人から他の債権者全員が配当弁済に同意した旨の書面を受領した。債権者全員が配当に応じないと破産手続きになり得、議決した金額での配当弁済がされないことも想定された。その場合は配当額が確定しないことになり請求する金額を決定することができない。そのため、債権者全員が同意し、配当実施するという連絡をもらう必要があった。

　相続財産管理人からの配当実施の書面にて、区では請求する金額の変更をするために不納欠損処理を行い、それと同時に変更した金額の納付書を発行し相続財産管理人に送付している。

　その後、相続財産管理人からの入金を確認し費用の回収が完了した。

　注意事項としては、配当通知書の時期によっては議会が行われていないため、議決を得るのに時間がかかり回答が遅くなることが想定される。そのた

図表24　議案資料

議案第○○号
　　権利の放棄について
上記の議案を提出する。
　平成○○年○月○○日
　　　　　　　　　　　　提出者　東京都板橋区長　　○　　○　　　　○

　権利の放棄について
下記により権利を放棄する。
　　　　　　　　　　　　　記
1　放棄する権利の内容
　　板橋区長が板橋区○○○○○○○○上の建築物等について実施した
　行政代執行等に関して、板橋区が債務者に対して有する次の権利
　⑴　板橋区老朽危険建物等に係る緊急安全対策工事実施要綱に基づく
　　緊急安全対策工事に要した費用のうち、○○○○○○円の支払請求
　　権
　⑵　空家等対策の推進に関する特別措置法及び行政代執行法に基づく
　　代執行に要した費用のうち、○○○○○○○○○円の支払請求権
　⑶　前記⑴及び⑵の費用の徴収に関して、相続財産法人に帰属する○
　　○○○○○○○○○○所在の未換価の不動産を債務者に換価させ、
　　その売却金額について配当の支払を請求する権利
2　債務者
　　住所　○○○○○○○○○○○○
　　氏名　○○　　○○
3　放棄の理由
　　債務者により相続財産の整理、換価等が行われ、今般、板橋区に対
　して配当金の支払がされることとなったところであるが、今後、強制
　執行その他の手続による債権回収を図ることは困難であるため、権利
　を放棄する必要がある。

（提案理由）
　権利を放棄する必要がある。
　なお、この議案は、地方自治法第96条第1項第10号の規定に基
づき提出するものである。

め、区の手続きなどについて相続財産管理人にあらかじめ説明が必要になる。説明には配当通知が届く時期の想定をしたスケジュールを提示した。

(3)　予納金について

　予納金は、相続財産管理人の報酬を含む管理費用の財源を確保できた場合に、事案に応じて還付される。本件特定空家等の所有者は、行政代執行を行った場所の不動産以外に、地方に複数の不動産を所有していた。それら不動産は相続財産管理人が管理処分権を有することとなり、地元の不動産業者に仲介を依頼したり近隣関係者からの買取希望を募ったりして換価（売却）を試みたが、一部については購入希望者がおらず、売却ができなかった。それらの不動産については今後国庫に帰属される予定となっており、相続財産管理人が手続きを進めている。令和2年1月1日現在所有者には令和2年度分固定資産税が課税されるところ、国庫帰属手続はそれ以前に（令和元年中に）完了する予定とのことである。この国庫帰属手続が完了すれば、予納金の還付が行われると思われる。

4　行政代執行に係る債権回収の流れ

(1)　債権の内訳

■　債権の合計額

① 緊急安全対策工事　　　　295,336円（私債権）

② 行政代執行　　　　　　20,666,800円（強制徴収公債権）

　　※行政代執行法に基づき国税滞納処分の例により徴収できるもの

③ 合計　　　　　　　　　20,962,136円

(2) 回収の流れ

■　緊急安全対策工事に要した債権請求

① 納付請求の起案（調定は別途起案を明記）

② 納付請求の決定（納付請求通知書の交付）

③ 歳入調定の起案

④ 歳入調定の決定（調定の通知→会計管理室、納入通知書の交付）

　※納付期限＝区会計事務規則第28条の規定に基づき、調定の日から20日以内。

⑤ 関係文書の発送（納付請求通知書＋納入通知書）

■　行政代執行に要した債権請求

① 納付請求の起案（調定は別途起案を明記）

② 納付請求の決定（行政代執行費用納付命令書の交付）

③ 歳入調定の起案

④ 歳入調定の決定（調定の通知→会計管理室、納入通知書の交付）

　※納付期限＝国税通則法施行令第8条の規定に基づき、当該告知書を発する日の翌日から起算して一月を経過する日。

⑤ 関係文書の発送（行政代執行費用納付命令書＋納入通知書）

(3) 督促

■　緊急安全対策工事の督促

① 督促の起案

② 督促の決定

③ 関係文書の発送（督促状）

○板橋区債権管理条例

　第7条　区長は、区の債権について、履行期限までに履行しない者があるときは、法令の定めるところにより、期限を指定してこれを督促しなければならない。

○板橋区債権管理条例施行規則

　第 3 条　条例第 7 条に規定する督促は、法令等に定めがあるものを除き、納期限経過後20日以内に発するものとする。

　2　前項の督促に指定すべき期限は、その発した日から15日以内において定めるものとする。

■　行政代執行の督促

①　督促の起案

②　督促の決定

③　関係文書の発送（督促状）

○板橋区分担金等に係る督促及び滞納処分並びに延滞金に関する条例

　第 2 条　分担金等を納期限までに納付しない者があるときは、納期限経過後20日以内に板橋区規則で定める督促状を発行して督促する。

　2　前項の督促状には、その発行の日から15日以内において納付すべき期限を指定する。

　第 3 条　分担金等について前条の規定による督促をした場合においては、当該分担金等の金額に、その納期限の翌日から納付の日までの期間の日数に応じ、その金額（100円未満の端数があるとき又は100円未満であるときは、その端数金額又はその全額を切り捨てる。）に年14.6パーセント（督促状に指定する期限までの期間については、年7.3パーセント）の割合を乗じて計算した金額に相当する延滞金額を加算して徴収する。

　2　前項に規定する年当たりの割合は、閏年の日を含む期間については
も、365日当たりの割合とする。

(4)　議決後の対応

　相続財産管理人から、債務超過による配当に関する提案を受けた。この提案に基づき、債権額に応じた配当弁済および残債権の放棄に関する同意等の

議会の議決を得た後、次のとおりの対応を行った。

① 相続財産管理人の配当等の提案に対する回答の起案（区長決裁）

〈同意の内容〉

    ア 管理人報酬概算額および今後の管理費用を控除した金額を配当原資とした配当

    イ 地方に所有する換価困難な土地を換価せずに配当

    ウ 配当に満たない残債権の放棄

    エ 配当後の残余の相続財産を国庫帰属させ、相続財産管理手続きを終了させること

② 相続財産管理人へ同意書を提出

③ 相続財産管理人から債権者全員が同意した旨の書面を受領

   ※配当実施の確定により額が確定

④ 歳入の不納欠損手続（請求額→配当額）

⑤ 配当金の納付書を相続財産管理人に送付

⑥ 配当金の納付

第 4 章

行政代執行を振り返って

1　行政代執行を判断した理由

なぜ行政代執行をする必要があったのか。行政の義務や権利について。

　平成7年度から区への陳情があり、推定130tに上る残置物の量、当該敷地に存在する建築物は最大20％（約11度）傾斜しており、倒壊の危険性、悪臭、敷地を支える擁壁の危険性、所有者死亡、管理者不在による、管理不全から生じる、火災や防犯上の問題等、この案件を放置することができない様々な理由が存在していた。

　特にこの中で、残置物については、周辺への影響が計り知れず、臭気、昆虫類の発生等により、隣家住民は解決されるまで、約20年間窓を開けることができなかったという。陳情も近隣住民のみではなく、議会関係者からも度々申し入れがあり、区としても、次第に公益的観点を一層に意識せざるを得ない状況になっていったことは確かである。

　ここで、一民間の建築物と残置物を公共機関が撤去するべきかどうかの判断の必要性が生じてきた。それは、この物件に手を掛けることは、他の同様な物件にも手を掛けていく可能性を世間に示すことにつながり、第二、第三の行政代執行というものを、区として検討していかなければならない使命を強く自覚させられるものであった。

　しかし、所有者が不明・不在であって、管理がなされていないなどの要因が明確でない限り、所有者の存在が明らかである場合には、建築基準法第8条の「維持保全」として、「建築物の所有者、管理者又は占有者は、その建築物の敷地、構造、及び建築設備を常時適法な状態に維持するように努めなければならない」などの趣旨から、第一義的には、所有者等に維持管理責任があり、所有者等の自らの手によって解決を図るべきである。公共機関はその物件になぜ手をかけるべきなのか明確な根拠と理由を示す必要がある。

　そこで、検討したのは、この物件への優先性である。今後の所有者による

管理の可能性、残置物の量、建築物の危険性、近隣への悪影響、陳情数、等々、を考慮し、優先度を比較できる資料を作成し、客観的な優先性、根拠性を明確にした上で、行政代執行を判断した。このように、公費投入には、区民が納得できる理由が求められるのである。

2　行政代執行費用の回収の可能性と課題

　まず、区では、行政代執行に要する費用の確保は、所有者等との交渉の進捗状況に大きく影響され、当初予算に計画的に計上することが困難であり、必要に応じて補正予算として考えるのが妥当ではないかとの、考え方があった。今後の行政代執行に要する費用もこのような判断のもと、計上されるものと考えられるが、一方で、公共機関が代執行を行う場合に、その後の費用回収の目途をどの程度予測していくかは、大きな課題であると認識している。

　今回の行政代執行においては、当初から、残置物を原因とした臭気や火災や建築物の倒壊の危険性から、公共の利益や安全の確保という点を優先に検討がなされてきたことは、確かである。しかし、今後、第二、第三の行政代執行をせざるを得ない物件が発生した場合に、安全性の確保を第一に優先させるとして、費用回収の見込みが低いなか、公費を投入し続けることになる。民間所有の物件に対して、本来は所有者が行うべき行為を、公共機関が代わりに行う是非の議論がなされていくことと考えられる。

　実際、行政代執行を実施せざるを得ない物件は、建て替えができないなど、資産的価値が低いものである場合が多いものと考えられる。更に、解体費用が捻出できない所有者が放置している場合も考えられることから、当初から全額費用回収の期待が薄い。そのような状況から、公費を投入し、回収を図ることは非常に困難である。

今回の物件の場合も、建て替えができない、建築基準法上の道路に接していない無接道の敷地であり、多量の残置物の処分や建築物の解体も重なり、資産的価値と撤去費用のつり合いが到底図れなかった。しかし、相続財産管理人と継続した綿密な協議等を重ねた結果、同管理人の尽力によって当該土地の売却ができ、さらに、残置物の中から発見された有価物を換価し、75％程度の費用回収が図ることができた。残置物を有価物と分別することは、大変な作業であったが、現場作業員への、事前の分別方法の周知徹底を行うことによって、一定程度の回収を可能にすることができた。他の自治体の事例では、廃棄物の分別を行わない判断のもと、行政代執行を実施したものがあるが、今後も、残置物がある場合には、丁寧な分別を可能な限り換価できる可能性を探りながら執行していきたいと考える。

　また、安全性の確保と費用回収については、まず優先すべきは、安全性の確保であるが、費用回収についても、その可能性を十分に検討し、計画を立案した上で、行政代執行の適切な実施に努めていきたいと考えている。

3　行政代執行検討時の課題

　残置物がおよそ130 t 存在する中で、有価物が含まれている可能性はないだろうか、という疑問が当初からあった。それは、今回の物件の所有者が死亡してから時間が経過していなかったからである。

　環境省の平成26年2月3日付通達「建築物の解体時における残置物の取扱いについて」によると、残置物は「一般廃棄物」として取り扱うことが定義されている。今回の物件については、布団、傘、電化製品等、一般家庭ごみが圧倒的に多かったため、当初、建築物の解体と含め、全てを「産業廃棄物」として処理を検討していた。しかし、この通達等含め、廃棄物の内容から、担当課との協議の結果、「一般廃棄物」として処理することを決定した。

　しかし、課題は、「残置物」か「有価物」かの判断である。相続人が存在しないという確信は一定程度あったが、後に、未知の相続人や債権者が現出した場合、区の判断にどの程度の客観性が保てるか、不安要素があった。このため、相続財産管理人とあらかじめ、「残置物」か「有価物」かの判断を協議することによって、その不安要素を解決することができた。今後も、同様な物件が出てきた場合に、「残置物」か「有価物」かの判断は困難を要することが想定される。特に、いわゆる「ごみ屋敷」の場合には、所有者自身は、全て「有価物」であるという意識を持っている場合が多い。相続人や債権者と処分後に無用なトラブルを発生させないためにも、公共機関のみの判断の客観性を保つことができる基準づくりは不可欠であると考える。

　一方で、相続財産管理制度などを活用し、ある意味、所有者側の意見も踏まえながら、その判断を協議して決定していくことも有効な手段であると考えている。大量な残置物について、「残置物」か「有価物」かの判断を行っていくことは、手間や時間等を要することは認識するものであるが、前述の費用回収の可能性を探るため、その手間は可能な限り惜しまない。危険性を一刻も早く解消するという使命を強く意識しつつも、そのことによって、公費を投入しているという責務に応えることになるのではないかと確信している。

4　「新しい問題」への自治体職員の対応スタンス

大事なポイント

① 自治体は「冒険をしにくい」法的環境にあること

② 設定するべき目標および採用するべき手段を検討するための選択肢の整理

③ 各分野のスタッフの連携

④　新たな自由な発想および表現を許す、良好なチーム間の関係

⑤　外部の協力者からの最大限の協力を得るための工夫

⑥　「新しい問題」の一つ目を解決した後に求められる業務（二つ目以降の解決、コストの削減）

(1)　民間企業と比較した場合の、行政の特色

特に自治体の職員にとっては、以下の内容は常識的であり新たな知見ではない、とも思われるが、自治体職員以外の読者を想定して、念のため論じておきたい。

民間企業と異なって、自治体には、新しい手法を試してみるという冒険をしにくい事情が存在する。これは、自治体が民間企業とは異なる法的立場にあることに由来する。

民間企業においては、例えば、「全く新しい、リスクの読めない市場」を開拓する場合には、例えば、有限責任である株式会社を設立して、私的自治の範囲内で実際の冒険を行ってみることが可能である。

しかも、その場合には、株主を一人か極めて少数にすることで、株主全員が許容するリスクを最大限に取った経済活動を、迅速に実施することも可能であるし、設立した会社の業務範囲を特定の分野に絞れば、代表者が、あらかじめ、業務の全体を、詳細まで完全に理解し、存在し得るリスクの予知や評価をすることもできる。

これにより、迅速に成功事例と失敗事例を積み重ねることで最適解を探し出し、当該市場における確固たる先駆者の立場を確立するか、当該市場に見切りをつけて、株主らの任意のタイミングで退場することができる。

このように、民間では、機動性を重視した設計に基づいた有限責任の会社を設立して、これを活用することが可能である。

しかし、自治体の「株主」が一人や極めて少数ということはあり得ず、「株主」は、当該自治体に居住する住民（有権者）全員である。

したがって、自治体は、機動性を重視した設計に基づいて設立された株

式会社のようなことができない。自治体は、民主主義のもと、住民らの事情、立場、嗜好を慎重に検討し、住民らの理解を得つつ、行動を実施しなければならない。

　しかも、自治体が担当する職務の範囲は、通常の企業と比較して（特に大規模自治体は）極めて広大であるばかりか、民間企業とは異なり私的自治の範囲内で自由に業務を実施することができない（株式会社を設立して、それに行政処分を実施させることもできない。）。

　さらに、業務の根拠となる法令に関する解釈が一義的でない場合（特に「新しい問題」は、そのような場合が多い。）などは、参考となりそうな裁判例や学説等を捜索したうえで、それらをもとに対応を検討することも要求される。この点でも、新しい手法の採否の決断には時間やコストを要することになる。

　これらのことも、新しい手法を迅速に実施するにあたっての障害となる。

　このように、自治体には、民間企業と比較すると、新しい手法を試してみるという冒険をしにくい事情が存在する。

　①　このような、「冒険をしにくい」立場にある自治体において、新しい問題が発生した場合の対応方法が問題となる。

　新しい問題については、既知の問題と異なり、どこにどのようなリスクが潜んでいるかすら、不明であり、対処に必要となるコストも不明であるから、当該問題の解決に向けた実際の行動の開始が決断しにくく、対応案を検討している間、結果としてではあるが、当該問題が放置されやすい。

　しかし、新しい問題の中には、既に深刻な効果を発生させ、場合によっては事態が刻々と悪化しており、その問題を放置することによって生まれる損害やリスクを看過することが最早できないというものも存在する。

　その場合のベストな選択肢の一つは、「他の自治体で類似の問題に取り組んだ事例がもしあれば、特にそこで発生したエラーから得られた、リスクやコストに関する知見を参考にする」「うまく処理できた事例であれば、

その手法を学ぶ」ことである。

　自治体職員は、新しい問題については、常に敏感にアンテナを張り、勉強会や講演会に参加するなどして情報収集に努めるのが一般的ではあるが、どうしても先行者が見つからない状況のもと、当該、新しい問題に対処しなければならないという状況も多々発生するところである。

　②　その場合には、自治体は、自ら、当該、新しい問題を根本的に除去することを目標に設定するか、そこまで至らなくても、対症療法を実施して、当面は当該問題の存在に伴って発生するリスクを軽減するに留めることを目標に設定する、などの対処を実施しなければならない。

　ここでは、いかなる目標を設定するか（リスクの根本的な除去まで求めるのか、それとも、当面のリスクを軽減することで満足するのか）、そして、設定した目標の達成手段にはどのようなものがあり、それらの複数の手段のメリット、デメリット、コストをできるだけ正確かつ詳細に予測しなければならない。

　この予測にあたっては、複数のシナリオを検討し、法令上の問題のみならず、それ以外の事実上の問題やその対応方法についても検討をしなければならない。

　③　この検討にあたっては、各スタッフが単独で検討をすることだけでは足りない。例えば、関連するスタッフが集まり、ホワイトボードの前で、互いに自由な発想で多数のアイディアを出し合い、連鎖反応的に多数の案を生み出すブレインストーミングの手法が有用である。

　この議論においては、各スタッフの業務上の専門知識のみならず、趣味から知った知識ですらも、有用になり得る。

実際に用いられたホワイトボードの例

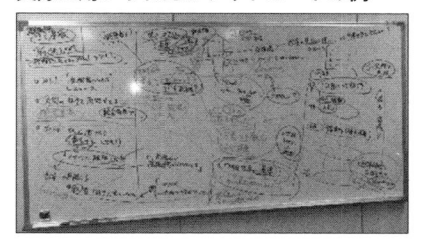

様々な観点からの思い付きが大事である。

ホワイトボードのコツ:

a　思い付きの内容で（が）良い

b　高級なコトバよりも、口語のほうが使いやすい

c　因果関係、相関関係、論理関係等を示すと良い（物事を図で表現すると良い）

④　もちろん、そのような予測を完全に正確なものとするには莫大な時間とコストが必要となり、肝心の問題が、その間、放置された結果となりかねないから、ある程度の予測作業に留めざるを得ない。

したがって、当該問題の難易度等に影響されるが、ある程度の部分が未知な状態で、あるいはかなりの部分が未知の状態で、予測作業の成果物を民主主義で選ばれた有権者の代表者たる首長に示し、決裁を仰がざるを得ないことになる。

この予測作業の成果物が代表者たる首長にとって十分なものであれば良いが、不安の残るものであるならば、首長は、追加の予測作業や客観的資料の追加を部下に指示せざるを得ないから、当該問題の解決はその分遅れ、住民はリスクに曝され続けることとなる。

⑤　したがって、新しい問題の解決を指示された担当部署は、手探りの状況で、自らに課せられた責任の重みを感じつつ、時間的にも品質的にも及第点レベルの予測作業をしなければならない。

これは非常に困難な、しかし、非常にクリエイティブな作業である。

そして、この共同作業は、当該問題の所管課のスタッフやそれを支援する法規、法務のスタッフら、各分野の経験や知識を備えた多数のスタッフ間の補完関係がうまく機能すれば、不可能な作業では一切ない。

作業に参加する者達にとっては、最高にやりがいを感じる仕事となり得る。

⑥　問題解決にあたっては、外部からの助力が必須となることが多い。

特に、ある解決法における必須の行動を、ある外部機関のみが実施可能な場合（例えば、相続財産管理人の選任を実施できるのは、家庭裁判所のみである。）には、当該外部機関が自治体の希望どおりに動いてくれなければ、当該解決案は一切実施不可能となるから、決定的なボトルネックとなり得る。

ここで、自治体にとっての「新しい問題」が、助力を求められた当該外部機関にとっても新しい問題であることも十分にあり、当該外部機関においても、「どこにどのようなリスクがあるか不明である」状況について、懸念を抱かれる可能性は十分に存在する。

したがって、当該外部機関に対しては、

a　現状、いかなる問題が生じているのか。

b　自治体は、当該問題について、いかなる解決方法を予定しているのか。

c　現時点では、当該問題について、どのようなリスクが想定されているのか。

d　当該外部機関にとって、助力を求めて来た自治体が期待された相応の能力を持ち、今後の継続的関係を開始するにあたり、信用に足りること。（例えば、当該外部機関が気にする部分については、自治体側で先手を打って、実効的かつ具体的な対応策を取り得ること、又は取り得る選択肢を示せること）

などを理解していただくことが必要となる。

これを理解いただくためには、例えばであるが、次の方法が考えられる。

e　問題となりそうな法的論点については十分に予習して、相手方にストレスをかけない会話が可能になること。

f　一旦電話にて、概要を伝え、もし詳細な追加情報が必要であれば、詳細について FAX をしてよいか伺うこと。

g　FAX にて、自治体が考えている企画内容、法的な見解を伝える。（法的な見解部分については、相手方が参照しているであろう書籍（例えば、相手方が裁判所の場合には、書記官が参照しているであろう裁判所職員総合研修所の書籍や、当該分野における実務家が使用している有名書籍）については事前に調査を済ませ、当該書籍を熟読した上で相談をしていることを伝えることも、相手方を安心させる材料となり得る。）

h　既にリスクの内容が判明している部分については、その旨と、実効的な対応策を紹介する。

i　助力を頂けることが決まった後も、定期的なレポートを実施して、事態がコントロール下にあることを示し、又は懸念材料の萌芽が見えた場合には即時報告するとともに、善後策につき、外部機関と相談をしながら対応を実施することで、外部機関に安心してもらう。

(2)　「新しい問題」へ投入すべきコストの算定

このように、「新しい問題」を確実に解決するためには、非常にコスト（特に、担当スタッフの労力）が必要となり、その他の平常業務を並行して実施しなければならないことと併せ考えると、解決のハードルが非常に高い。

成功事例や失敗事例の積み重ねも存在しないから、「どの程度のコストが必要十分であるか」「どこまで業務を簡略化して良いか」を判定することも困難である。

ひょっとすると過剰なコストの投入になっているかもしれないが、資源の逐次投入や投入の不足は当該企画の失敗の原因となり得、特に「新しい問題の解決」に失敗した場合には、今後、しばらくは当該「新しい問題」への資源分配が困難となる可能性すら予測されるから、おいそれと業務を簡略化できない。

このコストをかける度合いは、「新しい問題」が発生させている害悪やリスクの量、住民、議会、首長からの期待の度合いなどの、さまざまな要素を総合勘案して決定しなければならない。

(3) 「新しい問題」解決後の重要な業務

　「新しい問題」の一つ目を解決した後に必要となる重要な業務の一つは、「一回目にかけたコストをどこまで削減できるか」の検討である。

　そのためには、まず、自分達がどのようなコストを消費したかを、客観的に可視化することが必要となる。

　ここで、「新しい問題」が解決した後に、何に、どのようなコストを消費したかを振り返ることは、不可能ではないが、どうしても記憶の減退などによって、困難となることが多い。

　そこで、「新しい問題」に対応中、その真っ最中であっても、当該問題について、最低でも、どのくらいの時間を消費したかを記録しておくことが推奨される。

　最近は、グループウェアなどでスケジュールを管理している自治体も増加しているものと思われる。業務を実施する際には、開始時刻と終了時刻を記載し、自分が将来思い出せる程度で構わないので、どのような業務を実施したかを記録することが考えられる。

　このようにして、何にどのくらいのコストをかけたかを可視化したあと、事後的に、客観的にはどのくらい手をぬくことが可能であったのかをチェックする。

　以上のように、自治体は、民間と異なり、非常に手足を縛られた状態で、かつ、住民やその代表者たる議会・首長からの高い期待に応えることが要求される立場にある。「新しい問題」への対応は非常に困難な任務である。

　このようなミッションにおいては、いつでも相互に相談し合え、気付いた点については積極的に助言し合えるという環境が必須である。

　そのためには、対応メンバー間の良好な信頼関係を維持し、かつ、士気を

高め続けることが重要である。

5　自治体の法規部門の役割と協力体制

　自治体が行動するためには、根拠となる法令等の根拠が必要になるところ、本件の行政代執行は、基づくべき法令等が多岐にわたるものであった。

　そのため、空家対策を担当する建築指導課は、空家特措法および行政代執行法のほか、相続財産管理人の選任に関する民法の規定、本件建物および敷地上のゴミの処理に関する廃棄物処理法の規定等、これらの法令およびその解釈の調査並びに法令の実務への当てはめを、限られた期間内に実務的な準備と同時に行う必要があった。

　法規部門の役割は、上記の状況の下、法令およびその解釈の調査並びに法令の実務への当てはめ（判例や行政実例の検索等）を通じて、建築指導課の後方支援を担うものであった。

　具体的には、相続人の調査をはじめとして、相続財産管理人の選任に関する手続き、相続財産管理人が行う管理の範囲とその管理事務の流れ、ゴミの処理に関する法令の規制状況、行政代執行に要した費用の徴収等について、事態が進展する度に、建築指導課の依頼を受けて、法令およびその解釈の調査を行い、法規部門・建築指導課間で打合せを行った。

　打合せの際には、

① 法規部門・建築指導課双方において、現状の課題を整理する。

② 法規部門・建築指導課双方において、次に取り得る手法について選択肢を検討する。

③ 法規部門は、取り得る選択肢ごとのメリット、デメリットを抽出し、提示する。

④ 建築指導課は、③を考慮した上で方針を決める。

という流れで、課題の解決を図り、行政代執行事務を推し進めた。

　なお、上記のような手法・方針の決定と調査等に同等の時間を要したのが、送付する書面等の書式、記載内容等の実務上の詳細な事項である。例えば、上記において選択した手法を実際に運用に移し、書面を作成・送付する際に、どのような書式を用いるべきか（省令等に様式の定めがあるのか、それとも区の条例に基づく規則で様式を定めているのか等）、どのような記載内容にするか（行政代執行をすべき対象物件の特定をどのような記載で行うのか、命ずるべき措置の内容をどのようにすべきか等）といった内容が問題となった。

　特に、行政代執行に係る費用の徴収に関する事務については、書式、記載内容等の細かな内容の設定に時間を要した。建築指導課に債権回収に関するノウハウがないことに加え、そもそも行政代執行に基づく費用徴収の方法（行政代執行法では国税滞納処分の例によるとあるものの、例によるとの文言が、国税徴収法の何条から何条までを指し示すのか、滞納処分の執行停止も「例」に含まれるのか等不明な事項が非常に多かった。）に関しては、有用な行政実例を発見することができず、書籍等を参考にしながら手探りでの調査となった（橋本勇「自治体財務の実務と理論―違法・不当といわれないために」ぎょうせい、2015年）。

　さらに、費用の徴収に関しては、これらの回収の可否が重要な要素であり、区議会の注目を集める内容であること、債権が回収できなければ、債権放棄や債権取り立てのための訴訟提起といった対応が必要になることを踏まえて最終的な処理を検討する必要があった。

　以上、法規部門の役割は、担当部署のサポート、リスクの考慮、大枠の方針に関する選択肢の提示のみならず、実際の手続運用に係る細かな調査・検討も事務を推し進めるに当たっては重要な役割であった。さらに、事後処理をどのように行うか（議決事項に関するものなど）といったことは、法規部門が所掌していることが少なくないことから、行政代執行後の事務処理を見据え、最終的にどのような処理が必要になるかといったことを踏まえてサ

ポートすることが非常に重要であった。

6　終わりに

(1)　行政代執行を実施した感想

　板橋区では、これまで行政代執行を行った経験がない。「空家特措法」が施行される以前は、建築基準法によるものなどに関連した行政代執行の道筋は、これまでも存在していた。しかし、それは、全国でも事例が極めて少なく、同法の第10条に該当する場合がその根拠となるが、この中で、「著しく保安上危険であり、又は著しく有害であると認める場合…」とあり、その「著しい…」という程度は、明確にされていない。このため、行政庁による判断に任されることになるが、全国での事例の少なさから、いざ行政代執行に踏み込もうとすると、どの程度をもって、「著しい…」かの判断は困難を生じる。その「著しい…」の基準があいまいのまま、行政代執行を行った場合には、後に所有者等の権利者と係争に発展する可能性がある。このようなことから、危険な空き家等が存在していても、行政側からすると、建築基準法に関連した行政代執行として、なかなか手を付けられなかったことが、実情である。その後の「空家特措法」の登場により、窮迫する危険がある空き家等への行政代執行の道は開けつつあるし、全国の行政庁での事例も着実に増加した。

　今回の事例では、膨大な残置物による火災等の危険性、建築物の倒壊の危険性、所有者死亡で、相続人が相続放棄し、管理者が存在しないという条件が重なり、行政代執行を検討せざるを得ない喫緊の状況があった。さらに、近隣住民は、約20年以上にわたり、窓も開けられず、その影響を被り続けていた。このような状況を鑑みたときに、行政として、「空家特措法」が施行されたにも関わらず、このまま放置できない使命感が、職員らにあったこと

は事実である。

　そのようなことから、これまで以上に、より真摯にこの案件と向き合い、行政代執行を検討していった。相続財産管理人、法規担当者と行政代執行等の方法の検討や、財政当局との費用の協議、議会関係への説明や対応、残置物に関しては、資源環境当局や清掃工場との協議、代執行当日の権利関係者や第三者等の妨害の可能性や残置物搬出の際の火災の可能性から、警察や消防関係との協議、地元町会への説明など、庁内外の密接な連携の必要性を痛感した。一つの空き家の解決には、さまざまな要素が含まれており、所有者等が存在する場合には、さらに福祉関係等の部署との連携が必要となる。普段からの庁内外の関係構築には、弛まない姿勢で臨むことが求められる。特に、直接の空き家担当との職員とは、一朝一夕の関係では、このような代執行はできなかったと考えられる。日常のコミュニケーション等を通じ、お互いの信頼関係の構築が不可欠である。今後も、空き家は増加する予測があり、その対応は続いていく。一つの空き家にさまざまな関係者の行動が解決に結びついているという実感を持った。この先、弛まない職員の努力によって、危険な空き家等の解決が着実に進んでいくことを期待している。

　最後に、今回の代執行にあたり、特に担当職員、関連の皆さま、本著書の発行・編集については、鹿児島大学の宇那木正寛教授、第一法規株式会社に多大なご協力をいただき、感謝させていただく。

(2)　行政代執行後の他自治体からの問合せや視察について

　建築物の老朽化に伴う倒壊の危険性と残置物による悪臭や害虫の発生等により、周辺住民の生活環境へ、長期に渡り深刻な悪影響を与えてきた所有者が死亡した。さらに相続人の相続放棄や死亡により、適切な管理等の必要な措置を行う義務者が存在しない状態となったため、民法による相続財産管理制度を活用して、空家特措法に基づく行政代執行を、平成29年1月から3月にかけて実施した。

　相続財産管理制度を活用した行政代執行の実施は、全国初の試みであった

ことから、今後の空き家対策の問題解決につながる先進的な事例として、国土交通省から本区の「老朽建築物等対策計画2025」と行政代執行の取組みが、全国の地方公共団体や専門家団体等に紹介された。

　新たな着眼点となった本区の取組みに対して、この 2 年間で10を超える地方公共団体の視察を受入れ、数十件に及ぶ電話での問合せがあるなど注目度も高い状況となっている。

　行政代執行は、区においても初めての試みであり、検討段階から多くの課題があったが、多くの地方公共団体からの情報収集や、庁内の関係部署との協議・連携を図りながら対応したため、多岐にわたる課題を克服できた。

　平成29年度も、財産管理制度を活用した事例が都内の地方公共団体においても複数実施されているなど、注目度が高いだけではなく、新たな着眼点のモデルケースとして、全国的にも広がっている。

他自治体から寄せられる
財産管理制度に関するよくある質問（Q&A）

事前相談

Q 財産管理人の選任後、どのような事前準備をして打合せに臨めば、よいでしょうか。

A 申立書に記載した詳細な理由や経緯、市区町村が考えている今後のスケジュールおよびその他質問事項を整理し、打合せに臨めばよいと考えられます。

申立て理由

Q 税滞納や略式代執行費用等の債権がないと、行政庁は利害関係人になれないのでしょうか。

A 空家特措法第14条に規定する措置の相手方を立てる理由であれば利害関係人になれる場合があります。平成28年度の段階では、全国的にも北海道や千葉県などで、行政庁としての責務特定空家等の理由で申立理由となっている事例が報告されました。平成29年度では、東京都内においても特定空家等に認定された事例が報告されました。

・大田区　　不在者財産管理制度を活用　申立：平成29年4月
　申立理由：特定空家等であり、区には公益の保護を目的とした公法上の権利義務がある。
・世田谷区　不在者財産管理制度を活用　申立：平成29年4月
　申立理由：特定空家等であり、区は空家特措法第4条の「市町村の責務」と、略式代執行の公告実施の面で利害関係にある。

財産管理人の選任

Q 財産管理人の選任について、申立人の希望する候補者をたてることは可能でしょうか。

A 申立て時に候補者を記載することができますが、公平性の観点から希望する候補者が選任されない場合があるなど、各家庭裁判所の担当裁判官の判断によるようです。

予納金

Q 予納金の予算はどのように確保したのでしょうか。

A 補正予算、本予算の予備費、前年度より予算を確保して対応した等、各市区町村の考え方によります。

Q 予納金の金額はいくらか。また、追納は求められたか。

A 予納金額は被相続人の相続財産状況（土地を含む）などから、担当裁判官によって決定されるため、事例によって様々ですので、各自治体の申立事例を参考にしてください。（全国空き家対策連絡協議会のHP　国土交通省の HP など）
また、財産管理業務が長引く場合や、予期せぬ事務が生じた場合は追納を求められる場合があります。

Q 財産管理人選任申立後、どのタイミングで予納金の額が決まり、支払いの請求を受けるのでしょうか。

A 申立後、家庭裁判所の職権調査が終了した段階で予納金の額が決定し、納付依頼があります。

Q 申立書を提出した後、家庭裁判所から「予納金の納付について」通知

が来た段階で、まだ**予算確保が間に合わないなど、費用が準備できない場合は、納付時期が遅くなってよいのでしょうか。**

A　予納金納付完了後に、相続財産管理人が選任されるので、納付の時期が遅れれば、その分選任される時期が遅れることになりますが、一定程度の期間であれば待っていただけるようです。但し、家庭裁判所によって取扱いが異なる場合も考えられます。このあたりは、前広にスケジュール案を裁判所に示し、議会の都合や予算確保の見通しを情報共有しておくことが推奨されます。

財産（不動産）処分

Q　**財産管理人の選任後、不動産の売却が進まなかった場合どうなるのでしょうか。**

A　裁判所から予納金の追加を求められる場合があると聞いています。また、財産管理人が裁判所に管理の終了（取消しの審判）を求める可能性もあります。

債権の請求

Q　**請求した債権はどのようなものでしょうか。**

A　略式代執行の費用として申立てた場合ですが、略式代執行の業務委託費用および略式代執行実施前に行った応急措置（条例で規定）の費用、税務部署からは滞納分の固定資産税を請求しました。

Q　**請求の申出期間に提示する債権額の証拠書類には、どのようなものが考えられるでしょうか。**

A　解体工事等の工事費用の場合は、工事請負契約書、完了届、支出命令書、請求書等が考えられます。

Q 相続財産管理人から支払があった場合は、自治体の予算書ではどこに項目に入りますか。

A 各市区町村の取扱いにより異なると思われますが、雑入や弁償金としての項目で扱うことが多いようです。

> 予納金の返金

Q 財産管理人選任後、予納金の返金が可能な場合、手続きがすべて終了するまで返還されないのでしょうか。

A 基本的には財産管理人による管理が終了した段階で返還されます。ただし、管理人の報酬を含み管理費用の支払いに十分な財産が形成された場合などは、手続きの途中で返還される場合があります。

> 事例

Q 同様の手法をとった自治体はありますか。

A 平成30年2月13日から行われた群馬県大泉町の行政代執行の事例があります。

※ Q&A の一部は、全国空き家対策推進協議会所有者特定・財産管理制度部会資料を参照

○東京都板橋区老朽建築物等対策条例

平成28年12月22日東京都板橋区条例第71号

目次

第1章　総則（第1条－第7条）

第2章　空家等の対策（第8条－第13条）

第3章　老朽建築物の対策（第14条－第19条）

第4章　支援・緊急安全措置等（第20条－第22条）

第5章　補則（第23条・第24条）

付則

第1章　総則

（目的）

第1条　この条例は、空家等対策の推進に関する特別措置法（平成26年法律第127号。以下「法」という。）に基づく空家等に関する施策の推進に関し必要な事項及び老朽建築物の適正な管理に関し必要な事項を定め、老朽建築物等に関する施策を総合的かつ計画的に推進することにより、板橋区（以下「区」という。）における区民の良好な生活環境の確保を図り、もって安心・安全で快適なまちの実現に資することを目的とする。

（用語の定義）

第2条　この条例において、次の各号に掲げる用語の意義は、それぞれ当該各号に定めるところによる。

（1）　空家等　法第2条第1項に規定する空家等をいう。

（2）　特定空家等　法第2条第2項に規定する特定空家等をいう。

（3）　老朽建築物　老朽化が進んでいる建築物又はこれに付属する工作物及びその敷地（立木その他の土地に定着する物を含む。）のうち、空家等以外のものをいう。ただし、国又は地方公共団体が所有し、又は管理

するものを除く。

（４）　特定老朽建築物　老朽建築物のうち、周囲の日常生活に重大な悪影響を与えている状態（廃棄物等に起因する管理不全状態のものを含む。）と区が認定したものをいう。

（５）　老朽建築物等　空家等、特定空家等、老朽建築物及び特定老朽建築物をいう。

（６）　所有者等　所有者又は管理者をいう。

（７）　居住者　建築物の所有の有無にかかわらず老朽建築物に居住する者又はその占有者をいう。

（８）　周囲の日常生活に重大な悪影響を与えている状態　次のいずれかに掲げる状態をいう。

　　ア　そのまま放置すれば倒壊等著しく保安上危険となるおそれのある状態

　　イ　そのまま放置すれば著しく衛生上有害となるおそれのある状態

　　ウ　適切な管理が行われていないことにより著しく景観を損なっている状態

　　エ　その他周辺の生活環境の保全を図るために放置することが不適切である状態

（９）　廃棄物等に起因する管理不全状態　次のいずれかに掲げる状態をいう。

　　ア　みだりに放置された廃棄物の処理及び清掃に関する法律（昭和45年法律第137号）第２条第１項に規定する廃棄物（以下「放置廃棄物」という。）に起因して火災を発生させ、又は放置廃棄物が飛散するおそれがある状態

　　イ　放置廃棄物に起因する悪臭、ねずみ、害虫等の発生又は草木の著しい繁茂若しくは枯死により、周辺の生活環境に著しい障害を及ぼし、又は及ぼすおそれがある状態

（板橋区老朽建築物等対策計画）

第3条　区長は、老朽建築物等の対策を計画的かつ効果的に推進するため、老朽建築物等に関する対策について板橋区老朽建築物等対策計画（以下「対策計画」という。）を定めるものとする。

2　区長は、対策計画を定め、又はこれを変更したときは、遅滞なくこれを公表しなければならない。

（所有者等の責務）

第4条　空家等の所有者等又は老朽建築物の所有者等若しくは居住者は、周辺の生活環境に悪影響を及ぼさないよう、自らの責任において空家等又は老朽建築物の適正な管理に努めるものとする。

（区の責務）

第5条　区は、安心・安全で快適なまちを実現するため、所有者等及び居住者による老朽建築物等の適正な管理及び利活用の促進に関して、対策計画に基づく対策を実施するよう努めるものとする。

（区民の責務）

第6条　区民は、居住している地域又は事業活動を行っている地域に空家等又は老朽建築物が存在するときは、区に情報提供を行うとともに、特定空家等又は特定老朽建築物にならないよう、近隣の区民及び町会・自治会等の地域活動団体と相互に協力するよう努めるものとする。

（板橋区老朽建築物等対策協議会）

第7条　対策計画の策定及び変更並びに老朽建築物等に関する施策の推進に関する事項を協議するため、区長の付属機関として、板橋区老朽建築物等対策協議会（以下「協議会」という。）を設置する。

2　協議会は、次に掲げる事項について、区長の諮問に応じて協議し、区長に対し意見を述べるものとする。

（1）　対策計画の策定及び変更に関する事項

（2）　老朽建築物等の取扱いに関する事項

（3）　前2号に掲げるもののほか、老朽建築物等に関する施策の推進に関する事項

3　協議会は、区議会議員、法務、不動産、建築、福祉等に関する学識経験者、警察職員、消防職員、区職員その他区長が必要と認める者のうちから、区長が委嘱又は任命する委員17人以内をもって組織する。

4　委員の任期は2年とし、再任を妨げない。ただし、補欠の委員の任期は、前任者の残任期間とする。

5　前各項に定めるもののほか、協議会の運営に関し必要な事項は、板橋区規則（以下「規則」という。）で定める。

第2章　空家等の対策

（空家等の立入調査等）

第8条　区長は、法第9条第1項の規定により、空家等の所在及び当該空家等の所有者等を把握するための調査その他空家等に関し法及びこの条例の施行のために必要な調査を行うことができる。

2　区長は、法第9条第2項の規定により、法第14条第1項から第3項までの規定の施行に必要な限度において、区職員又はその委任した者に、空家等と認められる場所に立ち入って調査をさせることができる。

3　区長は、前項の規定により区職員又はその委任した者を空家等と認められる場所に立ち入らせようとするときは、法第9条第3項の規定により、その5日前までに、当該空家等の所有者等にその旨を通知しなければならない。ただし、当該所有者等に対し通知することが困難であるときは、この限りでない。

4　第2項の規定により空家等と認められる場所に立ち入ろうとする者は、法第9条第4項の規定により、その身分を示す証明書を携帯し、関係者の請求があったときは、これを提示しなければならない。

5　第2項の規定による立入調査の権限は、犯罪捜査のために認められたものと解釈してはならない。

（特定空家等の認定）

第9条　区長は、空家等が周囲の日常生活に重大な悪影響を与えている状態と認められるときは、当該空家等を特定空家等として認定することができ

る。

2　区長は、前項の規定による認定をしようとする場合においては、あらか
じめ、協議会に意見を聴くことができる。

（特定空家等に対する措置の助言又は指導）

第10条　区長は、法第14条第1項の規定により、特定空家等の所有者等に対
し、当該特定空家等に関し、除却、修繕、立木竹の伐採その他周辺の生活
環境の保全を図るために必要な措置（そのまま放置すれば倒壊等著しく保
安上危険となるおそれのある状態又は著しく衛生上有害となるおそれのあ
る状態にない特定空家等については、建築物の除却を除く。次条第1項に
おいて同じ。）をとるよう助言又は指導をすることができる。

（特定空家等に対する措置の勧告）

第11条　区長は、前条の規定による助言又は指導をした場合において、なお
当該特定空家等の状態が改善されないと認めるときは、法第14条第2項の
規定により、当該助言又は指導を受けた者に対し、相当の猶予期限を付け
て、除却、修繕、立木竹の伐採その他周辺の生活環境の保全を図るために
必要な措置をとることを勧告することができる。

2　区長は、前項の規定による勧告をしようとする場合においては、あらか
じめ、協議会に意見を聴くことができる。

3　区長は、特定空家等の所有者等に対して、第1項の規定による勧告をし
ようとする場合は、あらかじめ、その勧告をしようとする者に対し、弁明
の機会を与えることができる。

（特定空家等に対する措置の命令）

第12条　区長は、前条第1項の規定による勧告を受けた者が正当な理由がな
くてその勧告に係る措置をとらなかった場合において、特に必要があると
認めるときは、法第14条第3項の規定により、その者に対し、相当の猶予
期限を付けて、その勧告に係る措置をとることを命ずることができる。

2　区長は、前項の措置を命じようとする場合においては、あらかじめ、そ
の措置を命じようとする者に対し、その命じようとする措置及びその事由

並びに意見書の提出先及び提出期限を記載した通知書を交付して、その措置を命じようとする者又はその代理人に意見書及び自己に有利な証拠を提出する機会を与えなければならない。

3　前項の通知書の交付を受けた者は、その交付を受けた日から5日以内に、区長に対し、意見書の提出に代えて公開による意見の聴取を行うことを請求することができる。

4　区長は、前項の規定による意見の聴取の請求があった場合においては、第1項の措置を命じようとする者又はその代理人の出頭を求めて、公開による意見の聴取を行わなければならない。

5　区長は、前項の規定による意見の聴取を行う場合においては、第1項の規定によって命じようとする措置並びに意見の聴取の期日及び場所を、期日の3日前までに、前項に規定する者に通知するとともに、これを公告しなければならない。

6　第4項に規定する者は、意見の聴取に際して、証人を出席させ、かつ、自己に有利な証拠を提出することができる。

7　区長は、第1項の規定による命令をした場合においては、標識の設置その他法第14条第11項に定めるところにより、その旨を公示しなければならない。

8　区長は、第1項の規定による命令をしようとする場合においては、あらかじめ、協議会に意見を聴くことができる。

（特定空家等に対する措置の行政代執行）

第13条　区長は、前条第1項の規定により必要な措置を命じた場合において、その措置を命ぜられた者がその措置を履行しないとき、履行しても十分でないとき又は履行しても同項の期限までに完了する見込みがないときは、法第14条第9項の規定により、行政代執行法（昭和23年法律第43号）の定めるところに従い、自ら義務者のなすべき行為をし、又は第三者をしてこれをさせることができる。

2　前条第1項の規定により必要な措置を命じようとする場合において、過

失がなくてその措置を命ぜられるべき者を確知することができないとき
（過失がなくて第10条の助言若しくは指導又は第11条第１項の勧告が行われ
れるべき者を確知することができないため前条に定める手続により命令を
行うことができないときを含む。）は、区長は、法第14条第10項の規定に
より、その者の負担において、その措置を自ら行い、又はその命じた者若
しくは委任した者に行わせることができる。この場合においては、相当の
期限を定めて、その措置を行うべき旨及びその期限までにその措置を行わ
ないときは、区長又はその命じた者若しくは委任した者がその措置を行う
べき旨をあらかじめ公告しなければならない。

3　区長は、前２項の規定による措置を行おうとする場合においては、あら
かじめ、協議会に意見を聴くことができる。

第３章　老朽建築物の対策

（老朽建築物の立入調査等）

第14条　区長は、老朽建築物の所在並びに老朽建築物の所有者等及び居住者
を把握するための調査その他老朽建築物に関しこの条例の施行のために必
要な調査を行うことができる。

2　区長は、第16条及び第17条の規定の施行に必要な限度において、区職員
又はその委任した者に、老朽建築物と認められる場所に立ち入って調査さ
せることができる。ただし、住居に立ち入る場合においては、あらかじ
め、当該老朽建築物の居住者の承諾を得なければならない。

3　前項の規定により老朽建築物と認められる場所に立ち入ろうとする者
は、その身分を示す証明書を携帯し、関係者の請求があったときは、これ
を提示しなければならない。

4　第２項の規定による立入調査の権限は、犯罪捜査のために認められたも
のと解釈してはならない。

（特定老朽建築物の認定）

第15条　区長は、老朽建築物が周囲の日常生活に重大な悪影響を与えている
状態（廃棄物等に起因する管理不全状態のものを含む。）と認められると

きは、当該老朽建築物を特定老朽建築物として認定することができる。

2　区長は、前項の規定による認定をしようとする場合においては、あらか
じめ、協議会に意見を聴くことができる。

（特定老朽建築物に対する措置の助言又は指導）

第16条　区長は、特定老朽建築物の所有者等又は居住者に対し、当該特定老
朽建築物に関し、除却、修繕、立木竹の伐採、放置廃棄物の適切な処理そ
の他周辺の生活環境の保全を図るために必要な措置（そのまま放置すれば
倒壊等著しく保安上危険となるおそれのある状態又は著しく衛生上有害と
なるおそれのある状態にない特定老朽建築物については、建築物の除却を
除く。次条第１項及び第18条第１項において同じ。）をとるよう助言又は
指導をすることができる。

（特定老朽建築物に対する措置の勧告）

第17条　区長は、特定老朽建築物の所有者等又は居住者に対し、相当の猶予
期限を付けて、除却、修繕、立木竹の伐採、放置廃棄物の適切な処理その
他周辺の生活環境の保全を図るために必要な措置をとることを勧告するこ
とができる。

2　区長は、前項の規定による勧告をしようとする場合においては、あらか
じめ、協議会に意見を聴くことができる。

（特定老朽建築物に対する措置の命令）

第18条　区長は、特定老朽建築物が規則で定める場合に該当する場合におい
て、特に必要があると認めるときは、当該特定老朽建築物の所有者等又は
居住者に対して、相当の猶予期限を付けて、除却、修繕、立木竹の伐採、
放置廃棄物の適切な処理その他周辺の生活環境の保全を図るために必要な
措置をとることを命ずることができる。

2　区長は、前項の措置を命じようとする場合においては、あらかじめ、そ
の措置を命じようとする者に対し、その命じようとする措置及びその事由
並びに意見書の提出先及び提出期限を記載した通知書を交付して、その措
置を命じようとする者又はその代理人に意見書及び自己に有利な証拠を提

出する機会を与えなければならない。

3　前項の通知書の交付を受けた者は、その交付を受けた日から3日以内に、区長に対し、意見書の提出に代えて公開による意見の聴取を行うことを請求することができる。

4　区長は、前項の規定による意見の聴取の請求があった場合においては、第1項の措置を命じようとする者又はその代理人の出頭を求めて、公開による意見の聴取を行わなければならない。

5　区長は、前項の規定による意見の聴取を行う場合においては、第1項の規定によって命じようとする措置並びに意見の聴取の期日及び場所を、期日の2日前までに、前項に規定する者に通知するとともに、これを公告しなければならない。

6　第4項に規定する者は、意見の聴取に際して、証人を出席させ、かつ、自己に有利な証拠を提出することができる。

7　区長は、第1項の規定による命令をした場合においては、標識の設置その他規則に定めるところにより、その旨を公示しなければならない。

8　区長は、第1項の規定による命令をしようとする場合においては、あらかじめ、協議会に意見を聴くことができる。

9　第1項の規定による命令については、東京都板橋区行政手続条例（平成7年条例第31号）第3章（第12条及び第14条を除く。）の規定は適用しない。

（特定老朽建築物に対する措置の行政代執行）

第19条　区長は、前条第1項の規定により必要な措置を命じた場合において、その措置を命ぜられた者がその措置を履行しないとき、履行しても十分でないとき又は履行しても同項の期限までに完了する見込みがないときは、行政代執行法の定めるところに従い、自ら義務者のなすべき行為をし、又は第三者をしてこれをさせることができる。

2　前条第1項の規定により必要な措置を命じようとする場合において、過失がなくてその措置を命ぜられるべき者を確知することができず、かつ、

その措置を行わず放置することが著しく公益に反すると認められるとき
は、区長は、その者の負担において、その措置を自ら行い、又はその命じ
た者若しくは委任した者に行わせることができる。この場合においては、
相当の期限を定めて、その措置を行うべき旨及びその期限までにその措置
を行わないときは、区長又はその命じた者若しくは委任した者がその措置
を行うべき旨をあらかじめ公告しなければならない。

3　区長は、前2項の規定による措置を行おうとする場合においては、あら
かじめ、協議会に意見を聴くことができる。

　　第4章　支援・緊急安全措置等

（支援）

第20条　区長は、特定空家等及び特定老朽建築物の所有者等に対し、周囲の
日常生活に重大な悪影響を与えている状態の改善に関する必要な支援を行
うことができる。

（緊急安全措置）

第21条　区長は、老朽建築物等が、人の生命、身体又は財産に危害が及ぶこ
とを避けるため緊急の必要があると認められるときは、当該老朽建築物等
の所有者等又は居住者の負担において、これを避けるために必要最小限の
措置を自ら行い、又は命じた者若しくは委任した者に行わせることができ
る。

2　区長は、前項の措置を講じたときは、当該老朽建築物等の所在地及び措
置の内容を老朽建築物等の所有者等又は居住者に通知しなければならな
い。ただし、所有者等若しくは居住者又はその連絡先を確知することがで
きない場合においては、その旨を公告することをもってこれに代えること
ができる。

3　第1項の措置を行おうとする者は、その身分を示す証明書を携帯し、関
係者の請求があったときは、これを提示しなければならない。

（軽微な措置）

第22条　前条（第2項を除く。）の規定は、特定空家等について、開放され

ている窓の閉鎖、草刈りその他規則で定める軽微な措置をとることにより、周辺の生活環境の保全を図る上での支障を除去し、又は軽減することができると認められる場合について準用する。

第5章　補則

（過料）

第23条　次のいずれかに該当する者は、5万円以下の過料に処する。

（1）　第14条第2項の規定による立入調査を拒み、妨げ、又は忌避した者

（2）　第18条第1項の規定による命令に違反した者

（委任）

第24条　この条例の施行に関し必要な事項は、規則で定める。

付　則

1　この条例は、公布の日から施行する。

2　この条例の施行後最初に委嘱又は任命する板橋区老朽建築物等対策協議会の委員の任期は、第7条第4項の規定にかかわらず、平成29年11月8日までとする。

監修者

宇那木 正寛

鹿児島大学学術研究院法文教育学域法文学系教授

1987年広島大学法学部卒業。同年岡山市役所入庁。市税滞納整理、例規審査、訟務、情報公開、市長政策秘書、政策法務、法務人材の育成、環境総務などの事務を担当。その後岡山大学社会文化科学研究科非常勤講師を経て2014年鹿児島大学法文学部准教授として着任。2016年から現職。

〈主要著作〉『自治体政策立案入門－実務に活かす20の行政法理論（ぎょうせい、2015年）、『行政代執行の理論と実践』（共著、ぎょうせい、2015年）、『行政強制実務提要(1)(2)(3)』（編集代表、ぎょうせい、加除式）など。

執筆者

田島 健

東京都板橋区資源環境部環境政策課長

（前都市整備部建築指導課長）

伊東 龍一郎

東京都板橋区都市整備部建築指導課長

（前都市整備部建築指導課監察グループ係長）

髙橋 清次

東京都板橋区都市整備部建築指導課老朽建築物グループ主任

（前都市整備部建築指導課監察グループ主任）

添田 要

東京都板橋区政策経営部施設経営課教育施設第二グループ主任

（前都市整備部建築指導課監察グループ主事）

斉藤　一徳

東京都板橋区健康生きがい部おとしより保健福祉センター管理係副係長
（前総務部総務課法規係主任）

辻　崇成

弁護士・東京都板橋区法務専門監
総務省官民競争入札等監理委員会専門委員・（元内閣府参事官補佐）

サービス・インフォメーション

―――通話無料―――

①商品に関するご照会・お申込みのご依頼
　　　　　　TEL 0120(203)694／FAX 0120(302)640
②ご住所・ご名義等各種変更のご連絡
　　　　　　TEL 0120(203)696／FAX 0120(202)974
③請求・お支払いに関するご照会・ご要望
　　　　　　TEL 0120(203)695／FAX 0120(202)973

●フリーダイヤル(TEL)の受付時間は、土・日・祝日を除く
　9：00～17：30です。
●FAXは24時間受け付けておりますので、あわせてご利用ください。

こうすればできる　所有者不明空家の行政代執行
―現場担当者の経験に学ぶ―

2019年11月20日　　初版発行

監　　　修　　宇那木　正　寛
編　　　集　　板橋区都市整備部建築指導課
発 行 者　　田　中　英　弥
発 行 所　　第一法規株式会社
　　　　　　　〒107-8560　東京都港区南青山2-11-17
　　　　　　　ホームページ　https://www.daiichihoki.co.jp/

空家行政代執行　ISBN978-4-474-06887-2　C2032　(4)